子どもの「わがまま」で困ったときの言葉かけ

『PHPのびのび子育て』編集部［編］

PHP

いつもおだやかな、
優しいお母さんでいよう――。

そう心に決めていたのに、イライラしたり、
強い口調で叱ってしまったり……。
つい、感情的になってしまった後は、
「こんなはずじゃなかったのに……」と、
悲しい気持ちになりますよね。

だけど、子どもの「わがまま」や「かんしゃく」が止まらなくて、
どうしようもないとき、いったい、
どんな態度や言葉でのぞめばいいのでしょうか。

どうしたらお互いに無理なく、
笑顔で暮らすことができるのでしょうか。

ガミガミ言わなくても、子どもがのびのびと育つ
「言葉かけ」があります。
一緒に考えていきましょう。

写真：キノシタメグミ

本書は、『ＰＨＰのびのび子育て』2010年３月号～6月号、8月号、10月号、2011年２月号、５月号、8月号、11月号の記事を抜粋し、再編集したものです。年齢等は雑誌掲載時のものです。

Contents

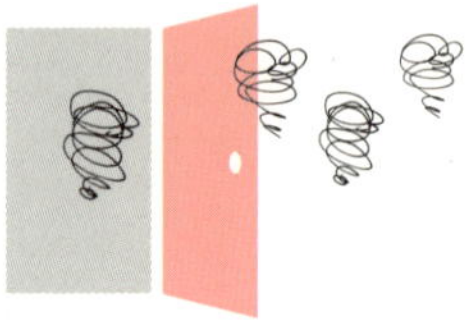

子育てのお悩み、お答えします

取材・文：八木沢由香　写真：キノシタメグミ

すぐにかんしゃくを起こす、
ぐずぐずして動こうとしない――
思い通りにならない子どもを前にして、
つい、ガミガミ言ってしまう……
お母さんたちに多い悩みです。

大丈夫。
悩んでいるということは、
あなたがお子さんを大事に思っている証拠。
困ったときに、どう対応したらいいのか、
家庭教育のスペシャリスト・高橋愛子先生が優しくお答えいたします。

高橋愛子（家庭教育研究所代表）

愛子先生の子育て悩み相談室

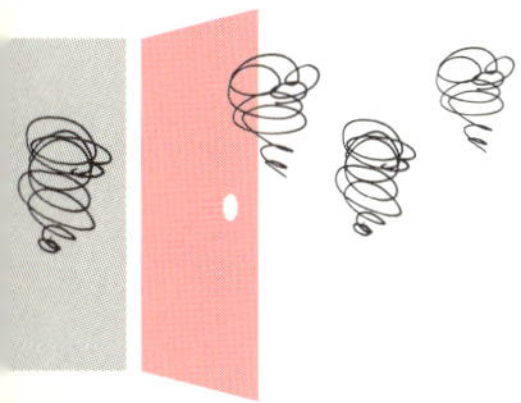

たかはし　あいこ

◎1938年生まれ。慶應義塾大学経済学部卒業。3男1女の母親。カウンセラー、セラピスト、ファミリー・コンサルタントとして、企業や学校などで研修を行なう。2009年より全国の親子支援者と「安心親子応援団」を結成。著書に『頭がいい親の上手な叱り方』（コスモトゥーワン）『「甘えさせる」と子どもは伸びる！』（PHP研究所）など多数。
高橋愛子家庭教育研究所
http://www.aiko-katei.com/

すぐにかんしゃくを起こす息子に悩んでます

年中の息子は、普段は優しく、1歳半の妹と仲よく遊んでいます。お話も大好きで、大人の話をよく聞き、理解してくれます。

ただ、一度気に入らないことがあると一気にかんしゃくを起こし、周りの話が耳に届かず、「ヤダ」「ダメ」と大声で叫ぶのです。時には叩《たた》いたり、蹴《け》ったりすることも。

こちらは何が原因なのかわからず、しばらくして落ち着いてからゆっくり話を聞くようにしているのですが、余裕がない時などは怒鳴り返してしまいます。周囲に親子の声が響き、恥ずかしくなり、その日は自責の念でいっぱいになります。

息子がかんしゃくを起こした時はどのような対応をしたらよいのでしょう?

また、普段から気をつけるべきことがあれば教えてください。

（愛知県みよし市・主婦・34歳）

子どもが何をがまんしているのか、そこを見ていきましょう

かんしゃくは怒り、寂しさなどが凝縮されて起こるものです。息子さんは、何かをがまんしているはずですよ。

何が原因なのかわからないのは、「かんしゃくを起こした」という事柄だけを見ているからです。事柄ではなく、どうしてこの子がそういうことを起こすのか、子どもの思いをしっかり察知しましょう。

それには息子さんの気持ちに身を浸して観察してみることです。そして「何が気に入らないの？」「何が悔しい？」と聞きながら、丁寧《ていねい》に気持ちをすくいとってください。「ヤダ」「ダメ」の中にはいろいろな思いが含まれていると思います。

あわせて、あなた自身が何かをがまんしていないかも見直してみてください。母親が、夫や義父母に不満をもっていたりすると、必ずと言っていいほど子どもの様子に表われます。原点に戻って少し整理してみてはいかがでしょう。

問いかけながら、お子さんに答えを出してもらいましょう。焦らず、慌てず、諦《あきら》めず、「苦しめてごめんね」とゆとりをもって抱きしめてあげましょう。もしかすると妹さんのように「ボクも甘えたい」と思っているのかもしれませんね。

言うことをきかない娘に困っています

5歳の長女のことで悩んでいます。長女は短気で気が強く、言い出したらゆずらない性格で、私を含め家族皆が振り回されています。

特に食事のわがままが強く、料理はいつも箸《はし》をつける程度で「ごちそうさま」をし、まだ家族が食事中でもテーブルを離れてテレビへ。そして夜寝かしつける時に「お腹《なか》がすいて眠れない」と言っておにぎりをねだったりします。

下の子がまだ母乳のため、睡眠不足でイライラしている私は、「勝手にしなさい」と怒ってしまいます。夫は仕事が遅く、休日は家業をしているため育児には全く参加してくれません。本当はもっと娘を甘えさせたり、わがままも聞いてやりたいのですが、今はなかなかできそうにありません。（長野県　主婦　33歳）

上の子の気持ちを満たせば子育てはもっとラクになります

食事のわがままが強いのは、このときぐらいしか言いたいことが言えないからなのです。**お子さんが訴えているのは、「私のことも大事にして！」という思いです。**夜中におにぎりをねだるのも、「お母さんは自分のことを大事にしてくれている」と実感したいからですね。

「短気で気が強い」と否定的にとらえていると、「お母さんは私のこと嫌いなんだ」と思い、より困らせるようになります。毎日「あなたはかしこい子」「何でも自分の思いをしっかり伝えられるたいした子」ともっともっとほめてください。

下の子が泣いていても、少し時間を割いて、

「あなたもおっぱいほしいわよね。寂しい思いをさせてごめんね」

と上の子をギュッと抱きしめてください。夜のおにぎりも、

「昼間は寂しい思いをしているものね。あなたのために世界一おいしいおにぎりを作るからね」

と言って作ってください。

毎日睡眠不足でつらいと思いますが、ここでひとがんばりしておけば、後の子育てがうんとラクになりますよ。やる気さえあれば大丈夫。きっとできます！

指示しないと何もしようとしません

6歳の息子のことで悩んでいます。4月に小学校に入学したばかりなのですが、**自分ですべきことを全くと言っていいほどやりません。**部屋を片付ける、お風呂《ふろ》に入る、宿題をする、明日の学校の準備をするなど、日常生活の基本的なことをしようとしないのです。

私が口うるさく言うとしぶしぶ動くのですが、言わないと、ただボーッとしてテレビを見たり、ゲームをしたり……。

こんなふうなので、忘れ物も多く、学校ではよく先生に注意されているようです。

ひとりっ子なので、これまで私が甘やかして何でもやってきたのが悪かったのでしょうか。私がうるさく指示しなくても、子どもが積極的に行動する方法があれば、教えてください。

（熊本県　主婦　35歳）

楽しく喜んでやれるような工夫をしてみましょう

お子さんは6歳で小学校に上がったばかり。初めての学校生活で緊張の連続だと思います。学校から疲れきって帰ってきたのに、家にいればお母さんから口うるさくあれこれ言われてしまう。これではお子さんは心を休ませることができず、どこにも居場所がなくなってしまい、かわいそうです。

お子さんは今、口うるさく言われることで、「自分はできない子だ」と自信をなくしていたり、「お母さんから信じてもらえていない」「お母さんから好かれていない」と寂しい気持ちでいる可能性があります。

ですから、あなたにまずしていただきたいのは、「あれをやりなさい」と指示・命令する前に、

「部屋を片付けていなくても、お風呂に入ろうと入るまいとお母さんはあなたが大好きよ」

とはっきり言うこと。そして、

「今日もよく学校に行ってきたね」

とお子さんを認め、たたえることです。そのうえで、

「なんでもできて、みんなに好かれるあなたなのに、お風呂に入らないで汚れたままでいるのは、もったいないとお母さんは思うよ。あなたはどう思う?」

と、1つひとつお子さんが納得できるように優しく話してほしいと思います。〝説得〟ではなく、お子さんが〝納得〟できる言葉かけをすれば、きっと自分から動き出すと思いますよ。

また、お母さんに言われるまで何もしないのは、「しない」のではなく「できない」「したくない」のかもしれません。たとえば片付けないのは「やり方がわからない」からかもしれませんね。お母さんがまず手本を示して「今度はひとりでやってごらん」と言ってみる、また、引き出しに絵をつけるなどして楽しく片付けができるよう工夫するなど、いろいろ試してみましょう。

お風呂も宿題も翌日の準備も1つずつ、できたらうれしくなる体験を重ねる。工夫次第で「楽しくできる」仕掛けは作れますよ。そして、できたことは、「すごい！　できたね」とほめることが大切です。

楽しくやれて、やったら嬉《うれ》しくなるような仕掛けを工夫すれば、口うるさく言わなくても、喜んで行動すると思います。

家族を喜ばすことが家庭での大事な仕事なのです。

子どもが私の顔色ばかりうかがっています

あなたが自分を好きになって！

3歳の娘と2歳の息子がいるのですが、2人とも、いつも私の機嫌をうかがっています。上の子はなかなか自分の意見を言うことができず、無口で、下の子はとても臆病《おくびょう》な性格です。

もしかすると、私のガミガミが原因かもしれません。というのも、私は毎日子どもたちをガミガミ怒鳴って、時には手も出してしまうのです。いけないとは思いながらも、すぐにカッとなってしまいます。「なぜ、私はほかのママみたいにニコニコできないんだろう」と毎晩自己嫌悪に陥り、最近はママ友と会うのもつらくなりました。このままだと子どもがどんどん傷つき、歪《ゆが》んだ性格になってしまいそうで怖いです。どうしたら、もっと余裕をもって子育てができるのでしょうか？

（群馬県　主婦　40歳）

お母さんの怒る姿から、子どもたちは「お母さん幸せになって！」と自分自身に使うエネルギーを使い切ってしまい、元気になれないのです。お母さんを恐れると人に臆病な子になりがちです。**ましてまだ2歳、3歳の子に完璧を求めすぎていませんか？**　今はできなくて当たり前。少しでもできたら万歳！　ですよ。

人と比較して、落ち込んだり、ご自分を責める前に、**ご自分のことをもっと好きになりましょう。**具体的には自分の好きなところを5つあげ、最も好きな1つを大切にしてください。次に嫌いなところを5つあげて、**「怒りっぽい」**なら**「正義感が強い」のように、**ポジティブに言い換え、レッテルの貼りかえをしましょう。ご自分やお子さんたちのよいところだけに目を向けてみる「よいとこ探し」が大切です。よい言葉、楽しい言葉、ほめ言葉を口にするとイライラも減っていきます。

結婚して2人の子の母になれたあなた。いまのあなたはこれ以上でもこれ以下でもない、まさに100点満点なのです。あなたが思っている以上に、あなたが大好きで、幸せでいてほしいと思っているお子さんや、ご主人、そして自分に向かって、たくさん、たくさん**「ありがとう！」**と叫んでみてください。

あなたは、ハッピーメーカーの達人であること、忘れないで下さいね。

※写真はイメージです。本文の内容とは関係ありません

「見えない思い」にきちんと向き合う

エッセイスト
中山み登り

ダダこねを「わがまま」として
厳しく接してきたという中山さん。
娘さんの本音に気づいてから、
親子関係も大きく
変わってきたそうです。

保育園時代の娘の口癖、それは「ママ、帰ってから怒らないでね～」。休日、お友だちと遊んでバイバイするとき、娘は必ず「まだ帰らない！」とわがままを言い、私がなだめすかして連れ帰った後、カミナリを落とす。これがいつものパターンだったからです。

私はシングルマザーなので、親としての責任はすべて自分にあります。しかも娘は1人っ子ですから、わがままな子にならないよう、手綱《たづな》を締めて育てていたのです。

なかやま　みどり
1963年、東京都生まれ。女性誌を中心に結婚、子育て、仕事など、現代女性の生き方を数多く取材したエッセイが人気。多くの支持を得ている。著書に『自立した子に育てる』『仕事も家庭もうまくいくシンプルな習慣』(以上、PHP研究所)ほか多数。

「がまんしてくれてありがとう」

そんな私が、わがままに対する見方を改めたのは、娘が年中さんの終わりごろ。きっかけは、私の入院でした。

ママの入院で、娘が急に聞き分けのいい子に変身した？ いえ、そんなうまい話、ありません。1週間あまりの入院期間が半分過ぎたころ、見舞いに来た娘は私にこう言ったのです。「ママ、アイス一緒に買いに行こう」。手術して数日の私に、アイスの買い出しにつきあえだと！ しかし私が聞き流していると、娘は「ママ、アイス！」と大音量で泣き出してしまったのです。病室には他の患者さんもいます。母（おばあちゃん）は、「無理言わないの」と娘を叱りました。いつもなら私も、「いい加減にしなさい！」と一喝したこ

保育園の運動会が終わって。この数日後に私の入院・手術を控えていたため、母だけでなく、子どもも不安な気持ちを抱えていたと思います。娘5歳。

とでしょう。

けれども、そのとき私の口から出たのは、別の言葉だったのです。

「いっぱいがんばって、いっぱいがまんしてるんだよね、ありがとう」

娘は泣きながら大きくうなずくと、気がすんだとばかりに母と帰っていきました。

子どもの本音を探ってみる

なぜ私は、いつもと違う言葉がけができたのでしょう。もちろん、娘に淋《さび》しい思いをさせている負い目があったからです。でも、それ以上に、わがままを言う娘の「言葉にならない思い」を知っていたからだと思うのです。

入院の数日前、自宅でのこと。ふと見ると、鼻をつまんで天井を見上げている娘。鼻血？　いや違う。では何を？　そう考えて思い至った瞬間、胸が張り裂けそうになりました。

娘は、以前映画で観《み》た、「悲しいときは鼻をつまんで上を向くと涙が出ない」というおまじないを密《ひそ》かにやっていたのです。娘の小さな手には私が書いた手紙が握られていました。「病気を治《なお》してすぐ帰るから、待っててね」。それを読んで涙が出そうになった娘は、でも泣いたらママが困ると子ども心に思ったのでしょう。だから鼻をつまんで必死に涙をこらえていた。その姿を見ていたから、病室で娘がゴネたとき、私はわがままというフィルターを通して、娘が本当に訴えたかったことを代弁できたと思うのです。

叱るのではなくまず共感する

考えてみると、私たち母親は、何を根拠に「わがまま」と判断するのでしょう。私の場合、突き詰めると、母親である私にとって「都合が悪いこと」を、すべてわがままという言葉でくくっていたように思います。

　お友だちとの別れ際、ゴネる娘に腹を立てたのも、夕飯を作るのが遅くなる、他のママたちのご迷惑になる……と、自分目線で「不都合」を感じたから。

　けれども、わがままとは氷山の一角に過ぎず、見えない部分に「別の思い」が隠されている。入院の一件を通して、そのことに気づけてから、娘との向き合い方を見直していこうと思ったのです。

　それからは娘がお友だちと上手にバイバイできないときは、叱るのではなく、「楽しかったね」と言葉にならない娘の気持ちを口にするようにしました。そして、「ママと、グ・リ・コやりながら帰ろうか」と帰路も楽しくなるよう工夫してみたり。そんなふうに私が変わってから、娘は気持ちよくお友だちとバイバイができるようになりました。

　小学3年生になった娘は、時にふてくされたり、わがままを言うこともあります。でも、「何がそうさせているか」を見つめるようにしてから、叱る回数はぐっと減りました。

　そして、叱るより共感する場面が増えてから、細くて頼りないけれど、信頼という架け橋が母娘の間に渡ったように思うのです。

小学校の入学式にて。言葉にならない娘の気持ちに、少しずつ目を向けられるようになってから、娘との会話も一方通行でなくなりました。

ピアノの前で。娘6歳。「練習は楽しく！」をモットーに。今も、嫌がることなくピアノのお稽古に通っています。

「ごめんなさい」の中身を考えさせる

作家 久美沙織

くみ さおり
1959年生まれ。ジャンルにとらわれず幅広く執筆活動をしている。『ブルー』(理論社)ほか、『45歳、もう生んでもいいかしら?』(メディアファクトリー)など著書多数。

「泣いても拗《す》ねてもダメなものはダメ」という久美さんの方針は、娘さんの“自分で解決する力”を着実に育てているようです。

叱られたらすぐやめて二度としない……なら躾《しつけ》は簡単ですが、娘はよせと言われることほど、やりたい、やめたくないみたい。ダメと言われることは「親をカッカさせられる」重要アイテムだからこそ余計に何度言われてもやりたいようです。

こちらは子どもが可愛《かわい》いし、イライラしたくない、一刻も早く切り上げて許したい。トランプで言えば、絵札やエースの揃《そろ》っている敵と、バラバラな数字札で戦うようなもの。そうとう頭を使わないと勝てませんよねぇ。

5歳の娘は我《が》が強く、屁理屈《へりくつ》じょうず。すぐカッとし、芝居がかって号泣します。元気で明るいのはありがたいけれど、叱っても5秒とシュンとせず回復しちゃうのでこっちはメゲます。

娘には無限のエネルギーがあり、反抗されると面倒で、以前はおだてたりスカシたり機嫌をとりがちでした。でも、「そこで譲ると『ゴネれば無理が通る』と教えることになる。いけないことはいけないと毅然《きぜん》としろ」と、ある時、夫に諭《さと》されました。

買わない時は〝買わない〟で通す

たとえば「買って買ってー」と子どもが泣く時、「ダメよ、ダメだってば」とさんざん言ってウンザリしてから、結局折れて買ってやれば、「とことんダダをこねれば欲しいものがゲットできる」と覚えさせる。親が子どもに「泣いたら譲れ」と訓練されてしまうのです。拗《す》ねたり怒ったり不貞腐《ふてくさ》れたりすることで、子どもは巧みに（無意識に）親を訓練する。そもそも4歳前後の子どもが親を不愉快にしたりハラハラさせるのは自然なこと。安全な巣を離れて冒険したい、失敗から学びたい年頃でもあります。

　ある時……いつもの対立が発生。娘に「髪結んで」と言われて結ぶと「どのゴムで結ぶか自分で選びたかった～！」とキレられました。

自然に恵まれた環境で子どもをのびのび遊ばせる。「春はお花見をしたり、バーベキューをしたり。家族のイベントをとても大事にしています」(久美さん)。

その時娘に、「そういう態度はイヤ。やめてと何度も言ってあるはず」と静かに言いましたが、聞かないので、「タイムアウト」しました。その場を離れ、お風呂場《ふろば》を洗ったり洗濯物をたたんだり自分の用事をしにいったのです。

戻ったのは10分ほどしてから。超不機嫌でプリプリだった娘は、ひとりぼっちで放《ほう》り出《だ》されて寂しかったところに私が戻ってホッとしたのでしょう。ケロッとすり寄り、ぜんぜん違う話をし、対立をなかったことにしようとしました。

「何か言うことがあるでしょ」と水を向けると、あわてて「ごめんなさい」と言う。「何が?」と聞くと、「エッ、わからない」とキョトンとしていました。「ゴメンだけ言ってもダメ。お母さんが叱ったのは、腹が立ったからじゃないよ。イヤなことはやめてほしいから。赤ちゃんの頃はゴメンが言えればオッケーだったけど、もうお姉ちゃんでしょう。ゴメンを言わなきゃならないようなことは何なのかを覚えて、次からはしないようにしてください」

「わからないよー。じゃあ、どうしたらいいの⁉」とまたカンシャクを起こしそうになったので、「自分で考えて」とまた突き放し、かなり長い時間、放っておきました。ちょうど昼食前だったので、おなかがすいたら謝ってくるかと期待しましたが、抵抗しましたねぇ。空腹のまま2時間がんばりました。私は本を読みながら、早く何とかしてくれないか、ハラハラ。

こういう時に迎えにいってはダメ、提案したりハイやイイエで簡単に返事できるようなことを訊《たず》ねちゃダメ、「拗ねれば助けてくれる」と思わせちゃダメと自分に言い聞かせ、ただ待ちました。すごくつらく、緊張でからだがバリバリになったのですが……。

しっかり待って できたら大いにほめる

子育ては辛抱だ、忍耐だと言います。以前はそれを「不愉快な態度をオオメに見る」ことだと思っていました。相手は子どもだから甘やかせと。でも、そうじゃない。自分でわかるまで、どんなに焦《じ》れったくても、あえて親は何もしない。その辛抱のほうが難しい。でも大切だと思います。

やがて娘がやってきて「悪かった」と言いました。紋切り型の言い回しでなく、不器用ながら、自分の言葉で、何をどう考え、どうして悪いと思ったのかを説明してくれました。嬉しくて、娘を抱きしめて、うんとラブラブしました。

まだ折々カンシャクを起こしますが、焦らず、少しずつ減っていけばいいと思っています。

ちなみにゴハンですが、子どもにだけ食べさせなかったら虐待にもなりますが、家族全員が空腹で子どもを待つのであれば、多少の時間はオッケーだそうです。子どもに罰は無効。ほめるようなことが自分からできるまで必死で待って、できたら思いきりほめる、これを鉄則にしたいと思います。

親の「叱り方」を子どもはこう見ています

どんなふうに叱るかで、子どもの心への届き方も違います。日頃の言動を一度、振り返ってみませんか。

3つの目で子どもは親を見ている

親にとって、子どもを叱らないで育てることができればこんなに楽で楽しいことはないでしょう。

しかし、未熟で、物事のよしあしの判断力のない子どもには、やっていいことと悪いことの区別をそのつど教えなければなりません。「叱ること」とはそのような区別を教えることに他なりません。

〝鞭《むち》を惜しむと子どもをだめにする〟などと昔の人は言ったようですが、今あえてこの言葉の意味することを考え直してみたいものです。

河井英子
（武蔵丘短期大学教授）

かわい　えいこ◎東京都内の教育委員会教育相談室で長年相談員を務め、現職。子どもの心をテーマにした健康の心理学、発達と学習の心理学が専門。共著に『場面緘黙児《ばめんかんもくじ》の心理と指導――担任と父母の協力のために』（田研出版）がある。

イラスト：絹

子どもは親の「態度」を見ています

1 あなたの言動が子どもの善悪の基準になります

子どもは親の顔色をうかがいながら、試していることがよくあります。自分は受け入れられているのか、否定されているのか。子どもにとっては親の態度が善悪の基準ですから、親としてはぶれないで一貫した態度が望まれるところです。つい今は面倒だからとか、後から叱ろうとかいうのは子どもにとってプラスにはなりません。小さなことの積み重ねがしつけであり、「叱る」ことの効果をもたらすものであることを心にとめておきたいものです。

「あなたってほんとうにだめな子ね！」。こんな叱り方は論外です。やっていいことと悪いことの区別を教えることが叱ることです。子どもの間違った行為を否定するのであって、人格の否定をしてはいけません。子どもは本来、親に受け入れてもらいたい、親に気に入ってもらいたいと思っているものです。親がどう思ってもかまわないなんてひねくれた子は絶対にいません。親の心ない言動が子どもの心を深く傷つけてしまうことがあることを忘れないでください。

2 失敗した時の対応で「自信」が育まれていきます

「あなたならできるはずでしょ！」とか「そんな失敗はあなたらしくないわよ！」などとつい子どもへの期待をこめて、また慰めも含めて口にするものです。

しかし、こういう叱り方をされ続けると子どもは**「自分は本当は失敗してはいけないのだ」と思い、「失敗することは親の期待に応《こた》えていない」と思ってしまいます。**

失敗しないいい子であるから親から愛されるのであって、失敗したダメな子であれば親から愛されないと思ってしまいます。そういう〝条件付きの愛情〟を感じさせることは、子どもの存在を本当に認めていることにはなりません。

失敗しないで一生を過ごすことはできません。失敗したときに乗り越えることこそが大事なことです。小さいときから失敗を乗り越える経験をさせたいものです。「あなたは失敗するはずがない」などと言うのではなく、失敗を乗り越えるような支えとしての叱り方をしてほしいのです。

叱るだけでなく、乗り越えるヒントも与えたいものです。

子どもは親の「過剰な期待」を見ています

子どもは親の「言い訳」を見ています

3 叱責の理由を子どもはしっかり見抜いています

「ついカーッとして子どもをひどく叱ってしまった」「叱っているうちにエスカレートしてしまって」などという言葉を時々聞きます。また「とりあえず叱っておいた」など、**叱ることが親の感情のはけ口になっているような言葉を耳にすることもあります。こんな形で「叱られた」子どもはたまったものでないと思います。**「叱る」という状況に親としての感情を巻き込んでいかないようにしなければなりません。

また「よその人に笑われる」とか「よその人に叱られる」など〝よその人〟のために叱っているような言い方をすることもありますが、これも間違っていると思います。〝よその人〟の手前、言い訳として言っているに過ぎないことを、子どもは親の本心として見抜いています。親が心から子どものために「叱る言葉」だけが、子どもの心に響いていくでしょう。「叱らない親」とか、「甘やかす親」などという批判をかわすためだったら叱らないほうがまだましかもしれませんね。いずれにしろ、親の真剣な思いをもって叱ってください。

わが子の「荒れ度」チェック

最近、感情の起伏が激しい子、
うまく自己表現をできない子が増えているようです。
テストを通じて、心が荒れない子どもを
育てるために、あなたはどのような接し方を
心がければよいか、考えるきっかけにしてみてください。

START

1 遠足の日、お子さんのお弁当を作るなら？

a. 気合いを入れて作る ···▶ 4へ
b. 短時間でササッと作る ···▶ 2へ

2 お子さんが遊んでいる時、あなたは？

a. よく様子を見に行く ···▶ 4へ
b. 自分の時間を過ごす ···▶ 3へ

3 コップを割ってしまったお子さんに対して、あなたの第一声は？

a. 大丈夫？ ケガはない？···▶ 6へ
b. 何やってるの！ ···▶ 9へ

4 お子さんがお片づけをきちんとした時、あなたなら？

a.「頑張ったね」と褒める···▶ 7へ
b. お片づけは当然、特に何も言わない ···▶ 5へ

5 今日1日の出来事をだいたい毎日お子さんと話す？

a. YES ···▶ 7へ
b. NO ···▶ 9へ

6 お子さんが外から帰ってきた時、あなたは？

a. 玄関まで出迎えに行く···▶ 5へ
b. 部屋の中で待つ ···▶ 9へ

イラスト：sayasans

7

お子さんの話の内容は、楽しかったことやよかったことが多い？

a. YES ··▶ ⑪へ
b. NO ··▶ ⑧へ

8

デパートで、欲しい物を見つけたお子さんは？

a. すぐ「買って」とねだる ··▶ ⑪へ
b. なかなか「欲しい」と言わない ··▶ ⑫へ

9

お子さんから何かをしたいと言い出すことは滅多にない？

a. YES ··▶ ⑩へ
b. NO ··▶ ⑬へ

10

初めて親戚《しんせき》の家に１人でお泊まりに行くとしたらお子さんは？

a. 嬉しそう ··▶ ⑬へ
b. 不安そう ··▶ ⑭へ

11

親戚の子どもが遊びに来た時、お子さんは？

a. 自分から話しかける ··▶ Aへ
b. あなたの影に隠れる ··▶ ⑫へ

12

何か失敗をした時、お子さんの反応は？

a. 次はきっと大丈夫！ ··▶ Aへ
b. 次も失敗したらどうしよう ··▶ Cへ

13

人ごみの中で迷子になったとしたら、お子さんは？

a. 案外平気そう ··▶ Bへ
b. 泣き出す ··▶ ⑭へ

14

あなたに叱られた後、お子さんの様子は？

a. すぐに立ち直る ··▶ Bへ
b. しばらく落ち込んでいる ··▶ Dへ

監修：浮世満理子
（アイディアヒューマンサポートアカデミー学院長）
うきよ　まりこ◎カウンセリング、メンタルトレーニングを通じて子どもの力を伸ばすプロジェクトを展開。各種セミナーやカウンセラー、メンタルトレーナー養成講座あり。http：//www.idear.co.jp

お子さんの
心の「荒れ度」は 20%

温暖化注意報

お子さんは、いろいろなことに関心を示す、好奇心旺盛《おうせい》なタイプです。屈託のない性格で、自由にのびのびと育っているため、心の「荒れ度」も低いでしょう。あなたも、お子さんの気持ちを尊重し、愛情を持って接していることと思います。

ただ、お子さんを愛する気持ちが強いあまり、甘やかし過ぎてしまうと、お子さんは、何をしても許してもらえるという甘えの気持ちを持ってしまうかもしれません。何でも自分の思い通りにしたがる、自分勝手で挫折《ざせつ》を知らない大人にしないためにも、例えば、「テレビは1日、1時間まで」など、家庭内でルールを作り、毎日必ず守らせるようにしましょう。忍耐力が養われ、感情をコントロールする力が身につくでしょう。

A

B

お子さんの
心の「荒れ度」は 40%

晴れ時々曇り

お子さんは、物事にあまり動じない、マイペースなタイプです。楽しむことが得意で、前向きな性格のため、心の「荒れ度」も低めでしょう。あなたを困らせることもあまりなく、あなたも「この子は大丈夫」と安心して、自分の時間を過ごすことができているのではないでしょうか。

ただ、時として、お子さんはマイペースであるがゆえに、場の空気を読むことや、相手の気持ちをくむのが苦手な傾向にあるかもしれません。例えばお子さんと遊んだり、家事をしたりして、一緒に過ごす時間を増やしてみましょう。笑ったり泣いたりすることで、お子さんの心の成長が今以上に進み、情緒豊かで思いやりのある優しいお子さんになるはずです。

C

お子さんの
心の「荒れ度」は ▶60%

嵐の前の静けさ

お子さんは、おとなしくて、控えめなタイプです。まじめで慎重な面がある一方で、やや物事を深刻に受け止めすぎてしまう傾向があるようですが、あなたがお子さんを愛する気持ちがきちんと伝わっており、お子さんもあなたの期待に応《こた》えたいと思っているため、ワガママを言うことも少ないかもしれません。

しかし、例えばあなたから叱られた時などは自分を抑えてしまうことがあるために、実は心の「荒れ度」はやや高めでしょう。毎朝、着ていく服を自分で選ばせたり、あなたから簡単なお手伝いを頼むなど、自分で出来ることを増やし、その都度、褒めましょう。「自分は出来るんだ」と自信を持つことで、心も安定していくはずです。

D

お子さんの
心の「荒れ度」は ▶80%

台風接近中

お子さんは、繊細で、周りの環境や、人の心の動きに敏感なタイプです。研ぎ澄まされた神経を持っている分、傷つきやすく、心の「荒れ度」は高めでしょう。普段は物静かなタイプですが、突然、感情を爆発させることがあり、 あなたを驚かせることもありそうです。しかし、それはあなたの関心が、自分にないことを敏感に感じ取った、お子さんの寂しさの表れなのかもしれません。

お子さんが、泣いたり、暴れたりした時には、落ち着くまで抱きしめて「大丈夫」と言ってあげてください。また、日頃から、お子さんと会話をする時間やスキンシップの機会を増やすことで、お子さんもあなたの愛情を感じ、安心感を覚えることができ、次第に落ち着いてくるでしょう。

叱り方を少し変えるだけで子どもはぐんと伸びる

ふだんの叱り方を
ほんの少し意識してみる。
それだけで、子どもは
いい方向に変わっていきます。

波多野ミキ
((財)波多野ファミリスクール
副理事長・カウンセラー)

はたの　みき◎早稲田大学文学部仏文専修、東洋大学文学部教育学科卒業。「母親は子どもにとって最初の先生」という立場から、子育て・しつけを提唱。講演をはじめ、若い親のサポートを精力的に行なっている。著書に『子どもの上手な叱り方・下手な叱り方』(三笠書房)ほか多数。

子どもの叱り方でどんどん変わる！

昔から「7つほめて、3つ叱れ」とか、「かわいくば、2つ叱って、3つほめ、5つ諭して、よい子育《はぐく》め」など、叱るのは少なく、ほめることを多くしたほうがいいと言われています。でも、ただほめさえすれば、いい子に育つわけではありません。上手にほめることは大切ですが、叱るべき時に、きちんと叱ることが大事なのです。

きびしく叱れる親はすばらしいと思います。でも、きびしいというのは、どなったり、たたいたりしてしつけることではありません。子どもの言い分を聞かずに、頭ごなしに叱りつけることでもありません。ダメな時には、断固として「ダメ」と言える親なのです。

イラスト：ささき ともえ

人格を否定せず行為を注意する

↓

自分を伸ばす努力をするようになる

「イヤな子ね」「ダメな子ね」「グズなんだから」などといった、人格を傷つけるような叱り方はしないでください。**「そんなことをする子、お母さんきらいよ」と言うのではなく、「お母さんはそういうことはきらいだから、してはダメよ」と言ってください。**この違いは大きいのです。

人格否定と行為否定はまったく異なります。「それはよくないことだからしないのよ」「そういうことをしてはダメよ」などと、行為だけを注意するようにしましょう。

イヤな子、ダメな子と言われ続けると、子どもは「自分はイヤな子なんだ」「ダメな子なんだ」とマイナスの自己イメージしかもてなくなってしまいます。そして、それは劣等感につながり、努力しようとしなくなってしまうのです。

自分自身を伸ばすよう努力していくためには、自分が好きといったプラスの自己イメージをもっていることが必要だからです。

意識するポイント

行為だけを注意する

✕「イヤな子ね」

○「そういうことをしてはダメよ」

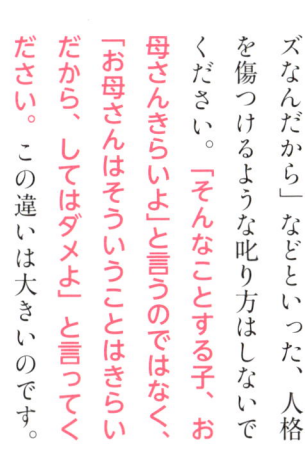

叱る前に子どもの「つもり」を聞いてみる

失敗を成功に導く力がつく

子どもが、食事のあとコップを台所に運んでいました。テレビで笑い声が起こったので、つい脇見《わきみ》をして、コップを落として割ってしまいました。どうしますか？　「何やってるの！　そんなよけいなことしなくていいから、あっちでテレビ見てなさい！」などと叱ったりしませんか？

　結果が失敗であっても、叱る前に、子どもの気持ちやつもりを聞いてみてください。**まず、「ケガはしなかった？　大丈夫？」と声をかけてください。子どもだって「しまった、失敗した。叱られる」と思っています。それが、叱られなかったばかりか、ケガの心配をされたら「お母さんってやさしい」とホッとし、救われます。**「ごめんなさい」と素直にあやまることもできるでしょう。

　そうすれば、コップをさげる時は、よそ見をしない、1度に1つずつ運ぶなどということも教えられ、失敗を成功に導くことができます。

意識するポイント

状況や気持ちを聞く

✕「何やってるの！」

○「ケガはしなかった？」

近くに寄って、静かに、本気で叱る

親の話を真剣に聞くようになる

叱るべき時には、本気で、気迫をもって叱ってください。遠くから大声で叱っても、あまり効果はありません。その時はビクッとしてやめるかもしれませんが、すぐくり返すでしょう。近くに寄って、子どもと同じ目線になって、手を肩にかけ、じっと目を見ながら、静かに言って聞かせるのです。

時には、ふだんより改まった口調で、ていねいな言葉づかいで真剣に。子どもは「アレッ」と思います。そして、お母さんは本気なのだと感じ、ちゃんと聞かなければと思います。

大きい子だったら、「座りなさい」と真正面にきちんと座らせて話します。でも、くどくどとお説教をしてはダメです。子どもは「うるさいな」と思うだけで、真剣に聞いていません。その子の悪かった行為についてだけ「短く、わかりやすく」が叱る時の大原則です。終わったら解放し、あとはふだんどおりに接します。

意識するポイント

目を見て静かに言う

✕ くどくどとお説教する

○ 短く、わかりやすく叱る

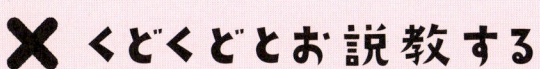

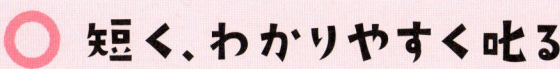

「この子」に合う叱り方は？

罰に過敏な子どもには、
きつく叱らないのがコツです。
そして、どうすればよいかを教えます。
また人の気持ちを理解できる
子どもには、やさしいことばで
理由を説明することが有効です。

？ 次の特徴は、あなたのお子さんにどのくらい当てはまるでしょうか。
当てはまる程度について考えて、数字に○をつけてください。

罰への過敏性

	当てはまらない	あまり当てはまらない	少し当てはまる	当てはまる
叱られると急にしゅんとなる	1	2	3	4
外で遊びたがる	4	3	2	1
ひとりで遊ぶのを好む	1	2	3	4
ものおじしない（恥ずかしがらない）	4	3	2	1
遊ぶ友だちがすぐにできる	4	3	2	1
こわがりである	1	2	3	4
活動的である	4	3	2	1
人に気をつかう	1	2	3	4
合計				点

意図の理解

	当てはまらない	あまり当てはまらない	少し当てはまる	当てはまる
お友だちにおもちゃを貸してあげられる	1	2	3	4
順番を守れる	1	2	3	4
人の話を聞かない	4	3	2	1
本を読んでもらうのが好きだ	1	2	3	4
思いどおりにならないと機嫌が悪くなる	4	3	2	1
気に入らないと泣《な》き叫《さけ》ぶ	4	3	2	1
自分がしたいことを説明できる	1	2	3	4
言い聞かせるとがまんができる	1	2	3	4

合計　　　点

! チェックリストの回答が終了したら、罰への過敏性と意図の理解の得点をそれぞれ計算してください。そして表の基準に従って、あなたのお子さんのタイプを判定してください。それぞれのタイプの説明は次ページにあります。

タイプの判定基準

		罰への過敏性 21点以上	罰への過敏性 20点以下
意図の理解	21点以上	A 優等生タイプ	C チャレンジタイプ
意図の理解	20点以下	B 引っこみ思案タイプ	D わんぱくタイプ

田上 不二夫
（東京福祉大学教授）

たがみ　ふじお◎筑波大学名誉教授。東京教育大学卒業。教育学博士（筑波大学）。認定カウンセラー。著書に『対人関係ゲームによる仲間づくり』（金子書房）ほか。

A

話を聞いて、やさしく叱ろう

優等生タイプ

物わかりがよく、おとなしくて手がかからないお子さんかと思います。でも、親としては、ときにはもっと積極的にほかの子どもと遊んでくれるといいのにと思われることもあるでしょう。普段は、あまり叱るような場面がないかもしれません。このタイプの子どもは、叱られると自信を失いかねません。きつく叱らないほうがよいと思われます。

叱るときは、子どもにどうしてそのような行動に出たのかを聞くことです。じっと時間をとって子どもの言うことに耳を貸しましょう。

そのうえで、どうしてその行動がいけなかったのかを説明し、どうすればよいかを教えます。そして行動に移したら、はっきりとほめましょう。子どもをはげますことです。子どもは自信がつくと、少しずつ積極的な行動をとるようになります。

B

長い目でみて、叱るときは静かに

引っこみ思案タイプ

ひとりで遊ぶことが多く、消極的な子どもだと思っておられるかもしれませんが、とても慎重なお子さんです。そこがお子さんの持ち味と思ってください。注意をすると動かなくなってしまい、いらいらすることもあるでしょう。しかし、長い目でみることも必要です。叱るときは行動に注目し、「それはダメよ」と静かに伝えて、 どうすればよいかを教えましょう。自分からやり始めるまで少し待つ姿勢が大切です。子どもが行動したらすぐにほめ、抱きしめるのもよいでしょう。人の気持ちについて説明してやるのもよい方法です。そして、子どもの気持ちを聞き出してやりましょう。あせってはだめです。子どもの気持ちを尊重し続けると、人の気持ちも自分の気持ちも大切にできる、バランスの取れた子どもに成長することでしょう。

C

しっかり叱って理由を話そう

チャレンジタイプ

だれとでも遊べ、積極的にほかの子どもと仲よくなるお子さんかと思います。遊び道具も分け合いながら、社会的行動がとれ、親として安心して見守っていられるのではないでしょうか。しかし、ときには大人に注意されると、自分を正当化しようと、いろいろ理由を並べたて、大人をてこずらせることもあるでしょう。子どもの言うことにいちいち反論すると大人のほうがいらいらしてきます。

このタイプの子どもは叱られ強いので、「ダメ」としっかり叱って大丈夫だと思います。ひと呼吸おいて、ダメな理由をわかりやすい言葉で子どもに伝えます。人の気持ちを説明するのも有効です。そうすれば、人の内面や気持ちを大事にする子どもに成長することでしょう。また、どうすれば人が嬉しいかを説明するのもよい方法です。

D

はっきり叱って、静止させて

わんぱくタイプ

自分からいろいろなことを積極的におこなうお子さんかと思います。子どもらしく自由奔放《ほんぽう》でかわいらしいことでしょう。

しかし、ときには自分の思い通りにならないことで、ほかのお子さんをたたいたり押しのけたりすることがないでしょうか。親があることをさせようとするとてこずることも少なくないでしょう。

このようなお子さんには、ダメとはっきり伝えて不適切な行動を止めます。そして不適切な行動をやめさせたところで、どうすればよいのかを短い言葉で説明し、手や言葉を添えて適切な行動を誘導します。

同時に、すぐにほめることです。このタイプの子どもには、ほめることが効果的なのです。どうしていけないかをわかりやすい言葉で説明したり、どのようにしたらよいかを少し長い目でみながら教えることが必要でしょう。

こうすればうまくいく!

状況別

気持ちをしずめる対処法5

井戸ゆかり（東京都市大学教授）

いど　ゆかり◎学術博士。白百合女子大学非常勤講師、横浜市子育てサポート研修講師、渋谷区次世代育成支援地域協議会会長などを務める。著書に『子どもの「おそい・できない」にイライラしなくなる本』（ＰＨＰ研究所）ほか。

子どもは3歳頃から、少しずつ自分の気持ちをコントロールできるようになっていきます。子どもの性格や年齢によっても、イライラの原因は違ってきますし、それらの対応法も異なります。

たとえば、3歳頃は自己主張が強くなり、「自分でやりたい」という

1 泣き叫ぶ

クールダウンするのを待ち、ゆっくり見守ろう

原因としては、思い通りにならない、相手に理解してもらえない（受容されない）などがあります。3歳頃の場合は、なんとなく不安を感じたり、わけもなく泣き叫ぶこともあります。原因がわかっている時にはそれを取り除くようにしましょう。

また、泣き叫んでいる時には気持ちが高ぶっているので、周囲の声が入りません。ですから、子どもがクールダウン（気持ちが落ち着く）するのを待って、子どもの話をよく聴き、「くやしかったんだね」「本当はやりたかったのにうまくいかなかったのね」と気持ちを代弁したり、共感したりしてみましょう。泣き叫んでいる時に、「泣くのをやめなさい！」と言うと、ますます興奮して泣き叫びが強くなることがあります。

泣き叫んでいる時、子どもがクールダウンするまで待つことは必要ですが、その時、「もう知らない」と無視するのではなく、「お母さんはここにいるからね」と伝え、見守る（必要な時に援助できるような）姿勢が大切です。

気持ちが先行し何でも自分でやりたがりますが、実際にはうまくできないことも多く、急に泣いたり怒ったりということがあります。

　小学生になると、友だちや親との意見の対立や、人との比較による自己評価の低さなどからすねたり、大人の見ていないところで意地悪な行動をとることがあります。それぞれの発達過程を理解し、子どもの性格を見極めながら対応していくとよいと思われます。

2 暴れる

常に子どもの様子を観察し、荒れる前兆に注意しよう

自分の思い通りにならない時、言葉でうまく表現できずに暴れたり、相手の都合や考えが優先されて自分の気持ちを受けとめてもらえなかった場合に、カッとなり手が先に出てしまうことがあります。子どもが荒れる時にはその前兆として、ふさぎこんでいる、イライラしている、無口になるなど何らかのサインが出ていることも多くあります。普段から子どもの様子をよく観察し、普段と違う状態があるかどうかに気をつけることも大切です。

　暴れて危険を伴う場合には、すぐにその場で体をはって止めに入る必要があります。そして、気持ちがクールダウンした時に、よく子どもの話に耳を傾けます。そして、何か問題を抱えている場合には、「一緒に考えていこうね」と、子どもの気持ちに寄り添いましょう。

　小学生になると、友だちとのトラブルが原因のことも多いので、よく話を聴き、担任や信頼できる先生に学校での様子を尋ねながら相談してみるのも1つの方法です。

3 すねる

時には要求が通らないこともあることを教えよう

思い通りにいかない、理解してもらえない、他の子と比較されて劣っていると評価された時などに、すねるという表現をする子どもがいます。中には、自分に注目を集めるためにすねることもあります。

「甘えを受容する」のではなく、

4 暴言を吐く

子どものよさを認める言葉をかけよう

自分の気持ちがうまくコントロールできず、相手に対して、「お前なんか死んじゃえ！」「あんた、バカじゃないの！」「うざい、早く消えろよ！」というように暴言を吐く子どもがいます。また、「どうせオレなんかバカだから死んだほうがいいんだ」と自己肯定感をもてずにいる子どももいます。

親は子どもの短所に目がいきがちになりますが、ぜひ、子どもの「よさ」に目を向け、それを認める言葉かけを増やしてみましょう。そのことにより、子どもは自分が受け入れられているという安心感を得て、人を思いやる心や自己肯定感をもつことができるようになります。暴言を吐くこともなくなります。

子どもが暴言を吐く場合、周囲の大人自身が暴言を吐いていてその影響を受けていることもあるので、気をつけましょう。

大人の都合による「甘やかし」の中で育ってきた子どもは、自分の要求が通らないとすぐにすねたり、ささいなことで怒ったりすることが多く見られます。

子どもがすねた時に子どもの要求を受け入れれば子どもの機嫌はよくなるかもしれませんが、それはその場限りのものです。とくに、物欲はエスカレートしがちで、次第に要求が通らないと暴力をふるうようになるケースもあります。

したがって、すねるからといってすべての要求を受け入れるのではなく、要求の通らないこともあることを子どもが学び、がまんする力を培うことも大切です。

5 うそをつく・意地悪な行動をとる

子どもは、「よい子」と思われたい、嫌われたくないというような思いから、うそをつく場合があります。また、大人の見ていないところで、意地悪な行動をとることがあります。このような子どもは、周囲の大人から、「できる」「できない」というような評価を受けたり、他の子と比較されたり、「ダメ！」というような禁止をされることが多く、自分の気持ちを素直に表現できず（本音が言えず）、周囲の目を気にしがちです。

子どもの話をしっかり聴き、本当の気持ちを引き出そう

普段から、子どもの気持ちに寄り添い、子どもが素直に自分の気持ちを話せるような関係が築かれていると、そのようなことは避けられます。たとえば、親は忙しいと、「後でね」と言いがちですが、子どもによっては、親から嫌われている、拒否されていると感じてしまうことがあります。まずは、子どもの話によく耳を傾け、気持ちを理解することからはじめてみましょう。

怒鳴りたくなったら唱えよう

心が落ち着く5つの「じゅもん」

髙柳静江
（新家庭教育協会理事）

叱ってしまいそうな時、心のなかで唱えると、気持ちがラクになるじゅもんがあります。つい口にしてしまう余計なひと言とあわせてご紹介します。

「叱らないで子育てできるよい方法があれば……」と悩んでいるお母さん、大丈夫ですよ。親は誰《だれ》でも、子どもにのびのびと育ってほしいと願いつつも、「今日も怒ってしまった、どうして私はいつもこうなのだろう」と、叱った後味の悪さ、気まずさを感じながら、反省したり、自分を責めたりすることがあるはずです。

一生懸命子育てをし、家族の健康にも気を使い、家事をこなしている自分を、「よくやっている、がんばってるよ」とほめて、叱ってしまった自分を許していると、心が軽くなり、やさしくなれます。すると、子どもを叱らない自分でいられるから不思議です。そうして叱られずに育った子どもは、親の愛情を感じながら目を輝かせ、躍動感にあふれ、自分に自信を持って育っていきます。

たかやなぎ　しずえ◎1948年生まれ。'83年、新家庭教育協会理事長であった故山崎房一氏と出会い、師事。以後、その教えを継承し、母親心理学講座などの講師を務める。著書に『ガミガミ言わない子育て講座』（PHP研究所）などがある。

じゅもん 1

「深呼吸して、1から10まで数えよう」

子どもは言葉や表現のしかたを、まだ大人のように身につけていません。まさに今、学習中なのです。**子どもは、今の年齢での知恵を最大限に使って行動しているのです。**思わず、

「早く早く、さっさとしなさい」と、せかしてしまいそうになったり、「何やってるの、ダメじゃない！」と怒りたくなったら、その瞬間、深呼吸して1から10まで数えましょう。すると

つい言ってしまう余計なひと言

「グズね、もう何やってるの！」

心が落ち着いてきます。

それから、やさしく低い声で「待ってるよ」と言って待つと、叱らずにすみます。**叱られずに育った子は、ゆっくりと学びながら成長し、自分から素直に行動できるようになっていきます。**

子どもは、大好きなお母さんの言葉によって自分と出会い、自己を形成していきます。母親の余計なひと言によって、「自分はグズでダメな子なんだ」という暗示が心や脳に刷り込まれると、何をやってもみじめで自信のない自分と出会ってしまいます。

じゅもん

2

「大丈夫、大丈夫。たいしたことじゃない」

子どもは生まれてまだ、数年。好奇心にあふれ、見るもの聞くものすべてが新鮮です。想像力や集中力を養い、生きていくために必要な知恵をつけているところなのです。

お母さんはハラハラドキドキしながらも、胸に手を当てて、「大丈夫、大丈夫。たいしたことじゃない」と、自分に言い聞かせて冷静になると、叱らずにすみます。

すると、子どもは**「お母さんって器《うつわ》が大きい！　自分のこと許してくれる。そういうお母さん大好き！」と、お母さんに信頼を寄せるようになります。**親を信頼している子どもは、本当に困ったことに遭遇した時、きちんと相談してくれます。

つい言ってしまう余計なひと言

「はずかしくないの？みんなに笑われるよ」

この言葉を言われると、子どもは「自分は人にどう思われているのだろう、嫌われているのかな」と、他人の顔色をうかがいながら常に緊張してしまいます。それでは疲れてしまいますね。人からよく思われようと、他人に合わせるあまり、自分を見失うこともあり、やる気をなくしてしまいます。

じゅもん 3

「そのままのあなたでいいのよ」

よその子と比較しないでください。わが子の出来不出来はどうであれ、大切なわが子です。**ワガママなふるまいに対しても、あれこれ詮索《せんさく》するのはやめて、「この子は一生懸命がんばっている。そのままのこの子を認めてあげよう」と、片目をつぶる心境になってみるのです。**

「叱らずにすんだ自分はスゴイ！」と自分自身をほめることも忘れずに。すると子どもは安心し、親の前で自分を偽らずにいられます。

かっこつけることなく、強さも弱さも両面見せて、そのままの自分を肯定できるようになります。また、自分を大切に思う気持ちがあると、他人に対する思いやりの心も育ちます。

つい言ってしまう
余計なひと言

「変な子！ダメな子！」

こんな言葉を言われると、子どもは「お母さんはどんな子だったら認めてくれるんだろう」と思い悩み、今の自分を責めてしまいます。お母さんは自分をわかってくれないと思い、素直な面を見せられず、心を閉ざしてしまいます。

じゅもん 4

「許そう、よほどのことがない限り」

集団生活をする年齢になると、わが家と違う価値観の家庭で育った子どもたちと関《かか》わるようになります。いろいろな考え方があることを学び、覚えてきます。それを真似《まね》して、おもしろおかしく家の中で話したり、ふざけたり、遊んだりするようにもなるでしょう。

「えっ！　そんな〜」と思う場面、耳をふさぎたくなるような言葉づか

つい言ってしまう
余計なひと言

「やめなさい！困った子！ガマンしなさい」

いも、**「まあいいか、よほどのことがない限り。あれもこれも経験」と叱らずに、飲み込むことも必要です。子どもの考え方や仲間が、どんどん広がって、社会性を学んでいるのだから……と、プラスの面に着目して見守っていきましょう。**

このように言われると、子どもなりに仲間に気を使いながらつき合っているのに、「お母さんは自分を信じてくれていない、わかってもらえてない」と感じて、自分の気持ちを素直に表現できない子になります。また、喜怒哀楽《きどあいらく》の感情を抑え込むので、表情の乏しい子になってしまいます。

じゅもん 5

「生きていてくれるだけでステキなこと！」

ミルクを飲んでくれて、遊んでくれて、ご飯を食べてくれて、冒険までしてくれて……。心配したり、不安な気持ちにさせられたりすることがあっても、**「命に関わらないのなら、生きていてくれるだけでステキなこと！」と思うと、子どもに対する過剰な期待や欲がなくなり、叱ることも少なくなります。**

「いろんなことがあって当たり前。母親だから引き受けよう」と腹をくくると、いざという時も、頭をフル回転して対処できます。また、そんなお母さんを見て、子どもは「お母さん強いな」と尊敬し、自分の人生のモデルにします。自分を信じてくれるお母さんの支えで、困難にあっても乗り越えられる強い子に育ちます。

つい言ってしまう
余計なひと言

「言うことをきかない子は、知りません」

この言葉で、一瞬にして「見捨てられた、嫌われた。どうせ自分なんていなくてもいいと思っているんだ」とさみしくなります。ほしい愛情を得られないのでイライラし、人の気を引くために怒りの感情を周りの人たちに向けて、ますますさみしい子になってしまいます。

〝荒れない心〟をつくるには、〝荒れたい心〟を恐れないこと

富田富士也（子ども家庭教育フォーラム代表）

とみた　ふじや◎教育・心理カウンセラー。コミュニケーション不全に悩む「引きこもり」青少年の相談から個別カウンセリング、フリースペース、親の会の活動を通じ、「治療的」でないカウンセリングの学びの場を全国的に広めている。

互いに懐き合うことで信頼関係ができる

人は年齢に関係なく、不安で寂しいときは誰かにかまってほしくなるものです。ぐずぐず、めそめそし、ときには〝荒れた〟言動で「こっち向いて！」とサインを出す、いわゆる〝赤ちゃん返り〟の〝駄々《だだ》っ子〟となります。幼児はその繰り返しの中で親や保育者との〝懐《なつ》く〟信頼関係の基礎を築き、いずれ迎える未知なる人間関係に踏み出す勇気を獲得していくのです。

社会性の問われる場で、わが子が〝荒れない心〟に向けて自らその葛藤《かっとう》を整えていく

写真：キノシタ メグミ

荒れた心に子どもの願いがある

「月曜日の保育園はおんぶに抱っこを求める園児で数珠《じゅず》つなぎのようですね」と保育士の研修会で口火を切ると、何人もの参加者が大きくうなずき、微笑みました。「そして、荒れていた子どもも、週末にかけてなんとなくおとなしくなってくるようですね」と続けると、園児を思い出すかのように天井を見つめ、ハンカチを取り出す保育士もいます。

流した涙は園児とのことだけではなく、わが子との関係も振り返ってのことだとアンケートに書き込んでいる人もいました。

「私は保育園の先生で４歳と小学３年生の子どもをもつ母親です。『保育士の子なのに』と人から言われないように厳しくわが子を育ててきました。休みの日に顔を合わせれば『なんでこうなの！』と叱ってばかり。平日は『はやく、はやく』とせきたてて、八つ当たりも正直あります。でも、大人だって外では気を張っています。まして子どもです。せめて家族といるときだけは、のんびり、のびのびさせてやろうと気づきました。なついてもらえる親であり、保育士になろうと思いました」

ためにも、親は今、目の前で露《あらわ》になっている子どもの〝荒れた言動〟を否定的に受け止めないことが大切です。

将来、〝荒れた心〟になりそうなときに、じっくり懐き合ったこの瞬間の関わりが安心感を呼び戻すのです。子どもは駄々をこねることで、困ったときに上手に感情をコントロールして自己表現し、素直に人に甘えるための人間関係の〝練習〟をしているのです。

この心を見失うと、親は子どもを〝問題児〟にしてしまいがちです。そして、子育てを楽しめず、親自身が先への不安によってイライラを生むことで、子どもの気持ちの中にも〝見捨てられ感〟が宿りはじめるのです。

本当の善を知るには、悪を学ぶことが欠かせないように、〝荒れない心〟を子どもの生活に習慣化させるには、〝荒れたい心〟を親が恐れないことが大切です。

「あなたのためにお母さんは怒っているのよ」とわが子に向かい、言うことがあります。もちろん、自身の親からそう言われて子ども時代を過ごしてきた方も多いと思います。しかし謙虚に自分の心と向き合うならば、これは〝嘘〟です。わが子の前途が親の前途になるから怒るのです。これは、親のためです。わが子に対してイライラするのは親が自ら生み出した欲なのです。

昔からのことわざに、子どもは親がつくったのではなく「仏様、神様からの〝授かりもの〟〝あずかりもの〟」とあります。親の、子を想う思い

「立派でない親」を語ることも“見守る心”に繋《つな》がる

A子(高校1年生)はこれまで両親に困った思いをさせない“いい子”で、高校もエリート校でした。しかし、入学してから学力が伸び悩み、苦しむようになりました。ただ、それ以上に、その葛藤について「自分だけ気楽に家族に話せない」不自然さを感じていたのです。そして、これまで“いい子”の話しか聞かなかった両親に「言っても否定されるだけ」とあきらめの気持ちをもつ自分に気づいたのです。

成績の悩みよりも親への冷めた感情は「もっと恐怖」でした。その不信感は次第につのり、勉強がまったく手につかなくなったのです。A子はついに荒れていく自分をコントロールできなくなりました。

校則違反の染髪、そして不登校に、母親は「叱っても娘が親の思い通りにならない」ことを知りました。相談室で母親は、再登校して友だちもできている娘の今を振り返り言いました。

「よくできた娘にうぬぼれていました。困っていた娘に、何もしてこなかった自分の愚かさを、私の子ども時代の話も含めて1つひとつ話す毎日でした」

の深さが、子の心をコントロールする行為に走らせるという箴言《しんげん》です。他人の子ならそこまで突き進まないとしたら、逃げられないという関係を自覚している親の愛もそこにあるのです。

〝いい子〟は荒れた心を隠していることもある

親の愚かさも愛なのです。つまり親には〝授かりもの〟としてのわが子を〝授かったまま見守る〟力が問われているのです。

しかし、比べるという価値観に身を置けば、欲も出てイライラはつのるばかりです。特に偏差値世代の親は比較を金科玉条にして育てられてきましたから、より苦しみます。

まさに子育ては〝難行苦行〟。そして子どもは、子育ての荒行に〝髪振り乱して〟献身的に接してくれる母や父や家族に対して手のかからない〝いい子〟になろうとし、「荒れてもみたい駄々っ子の心」を胸の中にしまいこんでいたりするのです。

見守るとは、ただ指をくわえて待つことではなく、親という立場を越えて、人としての自分の弱さ、いたらなさを素直に正直に語るチャンスでもあるのです。それが親子の深い信頼関係を築き、荒れる心をしずめる礎《いしずえ》の原風景となるのです。まさに親の弱音が〝荒ぶる子〟を救うのです。

イライラも伝え方1つで愛情として響く

他人の関係ではいられないという親のイライラが、子どもに伝わることは避けられな

子どものイライラにも ゆっくり耳を傾ける

いですが、それを必ずしも否定的に見ることはありません。もとは子を想う思いの深さからくるものだからです。親が自分にわずかなイライラも見せず、いつも冷静沈着だったら、子どもとして寂しく心細いものです。

大切なのは〝伝え方〟を間違えず、〝伝わり方〟を見定めていくことです。そのためには「子ども叱るな来た路《みち》じゃ、年寄り笑うな往《ゆ》く路じゃ」ということわざに励まされてください。子どもにイライラをぶつけたら〝来た路〟を思い起こし、「ごめんね」と即座に口にすることです。そんな親を見て、子どもはイライラも〝愛情〟の1つと受け止め、親のその弱音に安心するのです。

伝え方1つでイライラが親子の情愛になるのです。それが、子どもが困ったときに、素直に自分の弱音をはいてもらえる親になるための道筋です。そして子は、いずれ老いた親に対してイライラする息子や娘になったとき、かつて叱られた親をなつかしく見ながら、そんな関わりがありがたくも思えるのです。

その日を迎えられる親子関係を目指して、子のイライラにも耳を傾けるしみじみとした時間をとってください。そのとき、親の心がどう伝わっているのかをそっとひそかに見極めて共に歩んでいけばいいのです。

同居してきた90歳の母が往生しました。私の「イライラ」を母の孫である私の子の「のびのび」に変えてくれた母からの学びです。

※参考図書：拙著『祖父母世代も後悔しない！親と子の心の解決集』（興山舎）

言葉にできない
苦しみに気づいていますか？

「心の闇」の受けとめ方

子どものつらさや悲しさの発信を感じ取り
しっかりケアしていきましょう。

福田俊一
（淀屋橋心理療法センター所長、精神科医）

ふくだ　しゅんいち◎大阪大学医学部卒業後、大阪大学医学部附属病院精神神経科、大阪府立病院神経科にて精神医療に取り組む。増井昌美氏との共著に『ちょっと気になる子どもの「行動」』（PHP研究所）などがある。

増井昌美
（淀屋橋心理療法センター家族問題研究室長）

ますい　まさみ◎関西学院大学文学部卒業。外資系金融機関、出版社に勤務後、精神医療関連書の翻訳に従事する。

幼い子どもは自分の気持ちを言葉で伝えられないことがしばしばです。そんなとき、その子なりのしぐさや表情、行動で自分の気持ちを訴えていることがよくあります。

いじめや不登校などでは、問いつめても黙りこんでしまうことがよくありますが、こんな時、ふだんのしぐさ、表情、行動などに、子どもの心の闇《やみ》を読みとるためのヒントが隠されています。親がこれらに気づいてしっかりと受けとめることで、子どもは「わかってもらえた」という安心感に満たされ、親への信頼感をはぐくんでいけるでしょう。

親子の会話を通して子どものつまずきを早く知ることができ、深みにはまる前に救うことができます。また、それぞれの子どもの持ち味を理解できるので、将来の芽を伸ばすことができるのです。

ラスト：サタケシュンスケ

事例１

思い通りにならないとかんしゃくを起こす

幼稚園に通う真美ちゃん（５歳）はピンクの花模様のワンピースがお気に入りです。前日に汚してしまったので、お母さんは「そのワンピースは洗濯するから今日はこっちを着て行ってね」と言いました。すると「このワンピースでないといや！」と言い張ります。お母さんが洗濯しようとすると、「これでないといやだ！」と泣き叫びながらひっくり返って足をバタバタ……。「気に入らないといつもこう。どうしたらいいのかしら」と、お母さんは困ってしまいました。

ゆっくり、ていねいに説明する

かんしゃくを起こす子の多くはこだわり性ですから、心の中にわだかまりがあるはずです。それをうまく言葉で言えず「ワーッ」となってしまうのでしょう。

かんしゃくがおさまってから「あのワンピース、真美のお気に入りよね。とてもよく似合ってるわ。でも、泥で汚れてるね」と見せながら「真美の体も汚れてしまうからきれいに洗おうね」と、ゆっくりと説明しましょう。

かんしゃくが強い子は、頭の中がすぐに１つのことでいっぱいになってオーバーフローしやすい状態になります。だから１度に多くのことを言わないようにしましょう。一方的に言い聞かせるより、子どもにも言い分を言わせながらのほうがスムーズです。この積み重ねで、人の話も聞けて自分の言いたいことも言えるという器ができていくでしょう。

事例２

学校へ行こうとすると腹痛が起こる

毎朝登校時刻が近づくと「お腹《なか》いたーい」と孝夫君（小３）はトイレに駆け込んで出てきません。お母さんが「学校に行きたくないんじゃないの。何かあったの？」と聞いても孝夫君は「わからない」と言うばかり。こんな状態がもう１週間も続いています。お母さんは不登校になってしまうのではと、心配でたまりません。「学校を休むなんて、怠けてるんじゃないか」とお父さんが厳しく言ったところ、朝になっても布団から出てこなくなり事態は悪くなる一方です。

さりげなく話しあおう

孝夫君は「お腹が痛い」と訴えていますので、**「それなら学校へ行くのはむりね」とまずは受け入れてみましょう。**それでも腹痛が続くようなら「お医者さんに診《み》てもらおうか」と声をかけ、そこで「異状なし」であれば、はじめて心のケアに入ります。

子どもの心の中には学校へ行かないことへの罪悪感があるでしょうから、まずは「しばらくゆっくりしていていいのよ」と言い、その罪悪感を取り除いてやります。そして、親子のコミュニケーションを大事にしましょう。孝夫君の好きなテレビやマンガなどについてさりげなく話しあっているうちに、緊張していた心もほぐれてくるでしょう。避けていた学校の話が子どもの口から自然に出てくることもよくあります。しっかりと聞いていると、目が輝いてきたり勢いよく話し出したりと次第に元気が湧《わ》いてきます。その頃には学校へ行けなかった理由も、自分から話し出すということがよくあります。

事例3

反抗的な態度を取る

「あんなにいい子だったのに、このごろ乱暴になって。悪い友だちでもできたのかしら」と、お母さんから息子の翔君（小6）について相談を受けました。「お箸《はし》の持ち方、違ってるよ」「こぼしたら拭《ふ》こうね」と食事のときにお母さんが注意をすると、以前なら「はーい」と言って直していたのに、このごろ「うるさい、ババァ」と言ったり、お箸を投げつけたりするそうです。お母さんはびっくりしたのと同時に恐《こわ》さもあり、最近は腫《は》れ物《もの》にさわるようにしか対応できなくなってしまったそうです。

聞き役に徹し気持ちを受けとめる

小学校高学年になると反抗的な態度を取るのはごく自然な変化です。いわゆる自我の芽が伸びて自己主張をはじめる頃です。親からあれこれ言われると抑えつけられている感じがして、大人のすることすべてがうっとうしく、かなり反抗的な態度を出してきます。程度にもよりますが、心配なことではありません。

この頃の子どもたちは小さい頃から、怒りや不満などの負の感情を言葉で親に伝える習慣が少なくなってきています。そのせいでしょうか、中学生や高校生になっても、自己主張の仕方が幼稚で、言葉も荒く、とても世間で通用するものではありません。**どこかで思いきり言いたいことを言い、しっかりと聞き役になって受けとめてもらえる場所が必要です。したいことをする中で、子どもは自分の芽の出し方を覚えていきます。**

子どもとママの心をほぐす

叱ったあとの魔法のフォロー

「叱りすぎた」、「叱り方を間違えた」と思っても
自分を責めないでください。
そのあとのフォロー次第で、
お母さんの愛情は子どもにしっかり伝わります。

イラスト: フカザワ テツヤ

岩立京子
（東京学芸大学教授）

いわたて　きょうこ◎東京学芸大学卒業。博士（心理学）。専門は発達心理学、保育学。著書に『がまんできる子、やる気のある子を育てる！　子どものしつけがわかる本』（主婦の友社）ほか多数。

叱ったあとのフォローは、いつもしなければならないというわけではありません。叱られたあとのうしろめたさや後悔、時には反発などの不快感を感じても、「今泣いたカラスがもう笑った」というように、すぐに普段のかかわりに戻れる場合は、意識してフォローする必要はないかもしれません。

気持ちをほぐし、次回につなげる

でも、叱る場面というのは、多少なりとも不快感が生まれるもので、それが尾を引く場合に、ママと子どもの心をほぐすことが必要になります。

さらに、子どもの心に届く叱り方は案外難しく、感情的に怒ってしまったり、誤解して一方的に叱ってしまったり、反発を招く叱り方をしてしまうことも多いものです。このような場合のフォローは、より一層大切になります。

叱ったあとのフォローは、

1. 対立や緊張の気持ちをほぐしたり、関係がこじれないようにするため
2. 次回、叱る時の効果をより高めるため

にも必要なことでしょう。

子どもとママの心をほぐす

叱ったあとの魔法のフォロー

point 1 point 2

信頼が芽生え、“叱り”が活きる
親と子の心がつながるフォローの
ポイントをご紹介します

point 1

嫌な気持ちを転換するきっかけをつくろう

「おやつを食べる」「絵本をみる」などの楽しいことを一緒にしたり、**「抱きしめる」「手をつなぐ」**などのスキンシップ、**「ほほえみ」**や**「うなずき」**などを少し意識したりすることで、「あなたを大事に思ってるよ」というメッセージが子どもに伝わります。

特別なことをするというよりは、日頃のお世話をやさしくすると、「ママは僕のことをきらいになったわけじゃないんだ」「○○をしちゃったから怒られたんだな」ということが感じられるでしょう。

あなたが笑顔だと子どもも嬉しい

子どもというものは、親の寛容さを感じたり、親が楽しさ、嬉しさを共有してくれたりすると素直になるものです。親がいつまでもこだわって愚痴《ぐち》を言ったり、子どもをにらんだり、非難したりすることは逆効果で、子どもが反発を強めたり、親に不信感をもったりする原因になるでしょう。

Point 2

コミュニケーションで、心を通わせよう

1で述べたようなきっかけをつくり、叱りすぎた場合や、不適切な叱り方をしてしまった場合は、さりげなく謝ります。

「さっきはごめんね、ママ、おこりんぼだったね」「ママは、間違って○○ちゃんがやったと思っちゃったの」「怒鳴っちゃ、だめだよね」などと不適切な叱り方を謝りましょう。

その上で、**「でもママは、〜をしてほしくなかったの（ママの気持ち）」「それはね、〜だからだよ（理由）」「今度からしないでね（期待や信頼）」**などを伝えましょう。

非を認め、謝ることで信頼が生まれる

「いっつもママはそうだ」などと批判してくる子がいるかもしれませんが、そこは「だって、あなたがあんなことするからよ」などとはねつけず、**「ママも今度から気をつけるよ」「○○ちゃんも、今度からしないでね」**などと伝えておきましょう。自分の非を認めるべき時はしっかりと認め、謝罪していくモデルを学ぶことになるし、親への信頼が芽生え、次の〝叱り〟がより効果的になるでしょう。

イライラした気持ちが消えてゆく!

「マイナス言葉」が「プラス言葉」に変わる1weekノートをつけよう

言葉は、人の心をプラスにもマイナスにも変える力があります。毎日の積み重ねを大切にして、親子で気持ちよく過ごしましょう。

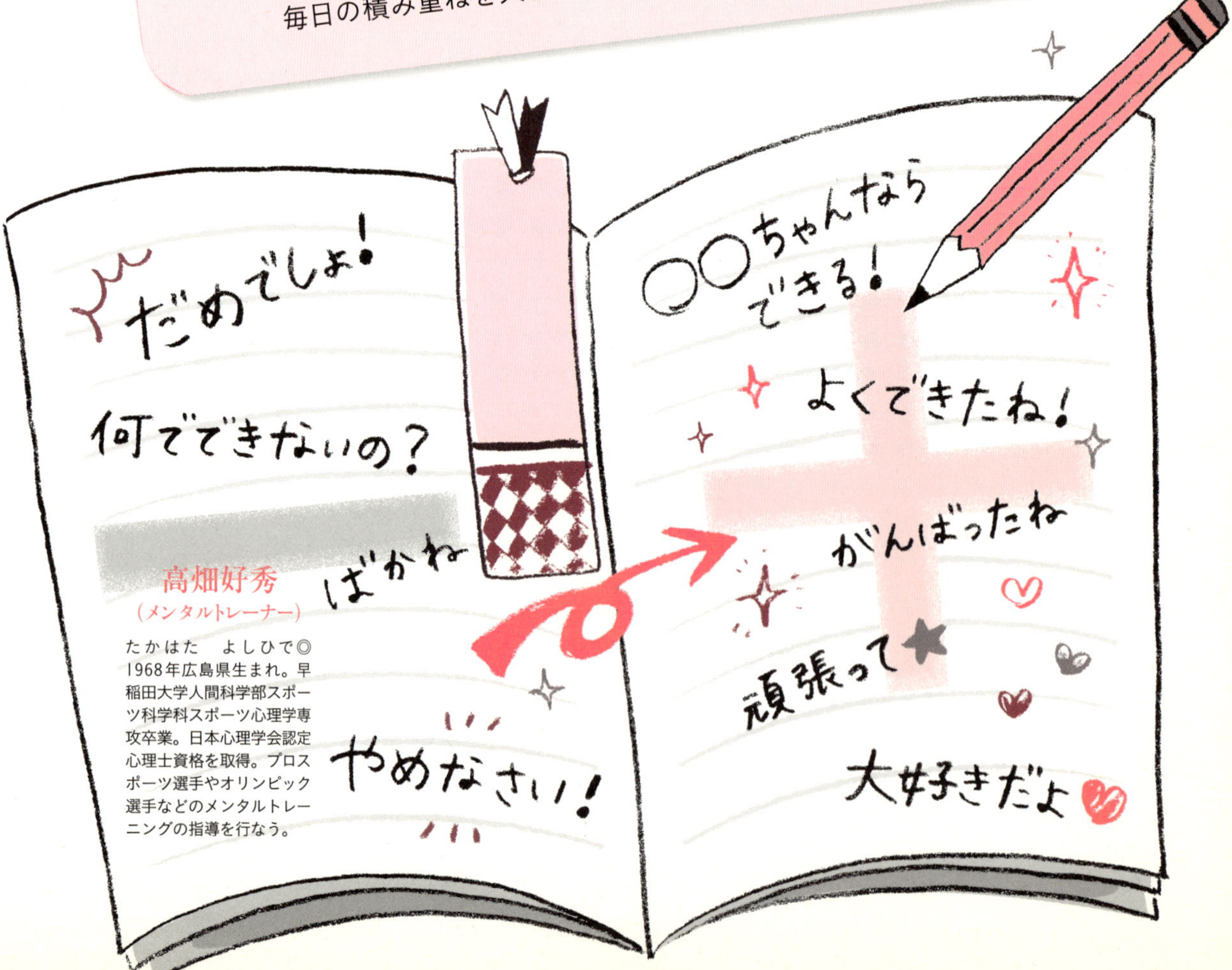

高畑好秀
(メンタルトレーナー)

たかはた　よしひで◎1968年広島県生まれ。早稲田大学人間科学部スポーツ科学科スポーツ心理学専攻卒業。日本心理学会認定心理士資格を取得。プロスポーツ選手やオリンピック選手などのメンタルトレーニングの指導を行なう。

まずは、あなたの今の言葉かけをチェックしてみましょう

［場面］わが子が幼稚園で描いた絵に花マルをもらって帰ってきました。前回よりもマルが増えているようでした。親から見たらまだまだでも、それなりに練習をしたようです。本人はうれしそうにその絵をあなたに見せてきました。あなたは子どもに何と言葉をかけますか？

1. 「がんばったね」「やったね！」

2. 「これで喜んでいるの？」「まだまだ努力が足りないわよ！」

3. 「あっ、そうなの。よかったじゃない」

1週間、心がけたいポイント

1. を選んだあなた

親から見れば、まだまだだとは思うけど、今までよりも努力ができるようになったことを認められていますね。がんばったことが成果として表れたので、これからも、やればできるんだということを認めて、子どものやる気を向けさせましょう。

2. を選んだあなた

減点法の発想で、できた部分ではなく、できていない部分にばかり意識が向いてしまっています。努力も人との比較になっています。本人のなかで成長した部分、前よりもできるようになった部分に意識を置き、加点法を心がけましょう。

3. を選んだあなた

子どもは、親が無関心だととてもさびしいものです。子どもはやはり親に認めてもらいたいという欲求を持っています。どんなに忙しくしているような時でも、ほんのわずかな時間でもよいので、子どもと真剣に向き合うことを心がけていきましょう。

イラスト：小林　晃

さっそくノートを用意して、
毎日、やれたことを
書き出してみましょう。

一週間で「マイナス言葉」を
「プラス言葉」に変えよう！

1日目

自分の子ども時代を思い出してみよう！

立場が変われば人も変わるという言葉があります。人は誰しも子ども時代を経験し、親から言われて嫌な思いをしたり、反発してしまったり、やる気をそがれたという経験をたくさんしているはずです。言われたことを素直にできなかったり、何度言われてもなかなか継続してやれなかったり……。

それにもかかわらず、親という立場に立つと、過去の自分の経験を棚にあげて、「なぜできないの？」「なぜやらないの？」という意識ばかりが強くなってしまいます。そうではなく、自分が経験した嫌な思いを顧みて、どうしたら子ども時代の自分はやる気になれたのかを書き出してみましょう。

あなたは子ども時代、
どうしたらやる気に
なりましたか？

2日目

子どもを「1人の人間」として客観的に見てみよう！

これはほとんどの親がそうですが、子どもに対しては主観的になりすぎてしまいます。時には子どもと親である自分自身とを、完全に同化させてしまったりもするものです。子どもがした失敗や、子どもができないでいることを、あたかもそれが自分自身であるかのようにとらえてしまいます。

すると親の心のなかにイライラやフラストレーションが溜《た》まってしまいます。そしてついには、親のほうが自分自身の心をコントロールできなくなり、爆発してしまいます。

あくまで、子どもと自分は違う人間であるという客観的な意識が大切です。子どもと自分の違う部分、同じ部分を書いてみましょう。

子どもとあなたの違う部分、同じ部分はどんなところですか？

3日目

子どもに対するあなたの態度や言葉を録画、録音してみよう！

ビデオでもいいし、録音機でもいいので、自分の言動を録《と》ってみて、後から冷静に見つめ直してみてはいかがでしょうか。冷静さを失い、カッとなっている時というのは、時として完全に自分を見失ってしまっています。

そして録ったものを見聞きする際に、それを言われているのは自分だと思ってみましょう。その言動に対してほかでもない自分自身がどのように感じるのか、素直に心に届くのかを検討してみてください。

もし、自分がそれを見聞きしてマイナスの感情が出てくるとしたら、子どもはその何倍もそれと同じ感情を抱いていると思ってみるといいと思います。

あなたの言葉を自分が言われたとしたら、どんな気持ちになるか想像してみましょう。

4日目

幸せに感じた言葉、やる気になった言葉を書き出してみよう！

いい言葉、やる気になる言葉を言おう、言おうと考えてもなかなか出てこない方も多いかもしれません。そんな時は自分の心のフィルターを通してみましょう。過去から現在に至る過程の中で、自分が自分の親以外から言われた言葉で、心に響いて今でも記憶に残っている言葉を紙に書き出してみましょう。

親以外というのがポイントです。やはり親の言葉というのは後々に美化したり、肯定したくなったりするからです。先生でも、先輩でも上司でも構いません。その言葉を意識して使うようにしてみましょう。そして子どもがその言葉に対してどのような反応をするかしっかりと観察することが大切です。

親以外から
言われた言葉で、
心に響いた言葉を
思い出してみましょう。

5日目

「でも」という接続詞を使う癖を身につけてみよう！

プラス言葉を使うようにしようと意識をしていても、人間感情に流されてマイナス言葉を口にしてしまうことも多々あるでしょう。そんな時こそ、「でも～」という接続詞を上手に用いて、言葉をマイナスからプラスへと変換させていく癖を身につけていきたいものです。

例えば、「なんで何回も言っているのに、できないの？ どうかしてるんじゃないの！」。ここでハタと気づいてください。「でも、あなたは今までにできるようになったこともたくさんあるよね。だから今回もきっとできるよ」という具合にです。マイナスから入っても必ずプラスの出口を通して言葉の最後をしめくくるように意識し、できた例を書き出していきましょう。

マイナス言葉に
「でも」をつけて、
プラスの言葉を
つなげてみましょう。

6日目

マイナス言葉の貯金をして、子どもと遊んでみよう！

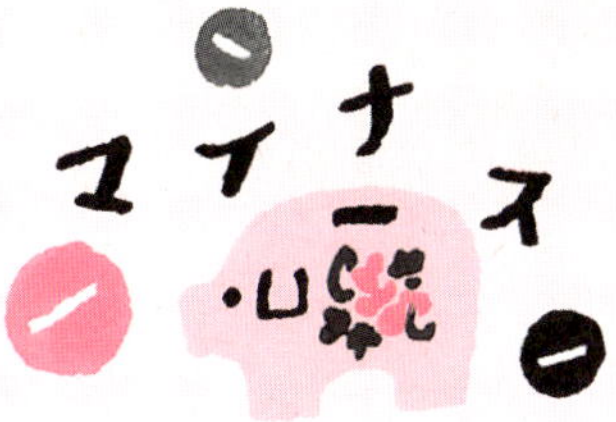

マイナス言葉を口にしたら罰ゲームのようなものを決め、ノートに書きとめましょう。

例えば、子どもがマイナス言葉を口にしたら、1個1ポイント。10ポイントたまったら親のお手伝い。親がマイナス言葉を口にすると、1回10円として子どものおこづかいになる。もちろん、別の罰ゲームでも構いません。

大切なのは軽々しく言葉を発するのではなく、発する前に相手のことを考えて、ひと呼吸置いてみるということです。親子で言葉というものを一緒に考えるうえでも意識づけしやすくなると思います。お互いに発した言葉をお互いが考えてみるというのは親子の絆《きずな》を深めることにもなるでしょう。

マイナス言葉を
発した場合の
罰ゲームを
決めましょう。

7日目

「しっかりと成長した子ども」を想像して、言葉をかけてみよう！

言葉というのは意思疎通を行なうためのひとつのツールに過ぎません。その言葉に命を吹き込むのは、言葉を発する人間の感情や実感です。「あなたはやればできる」というプラスの言葉をいくら口にしても、口先だけの言葉は子どもの心には届きません。

そこで、親としては、子どもがそれをできるようになった場面をイメージしてノートに細かく書きとめ、そこでしっかりと感情を込めて言葉に出していくようにしましょう。

目の前の子どもの先に「将来成長した姿」を見ながら言葉を発するようにすると、プラスの言葉にプラスの感情が吹き込まれて、さらに素晴らしい言葉として届いていくはずです。

子どもが
成長した場面を
イメージして
書いてみましょう。

1週間後、変わったかチェックしてみましょう

[場面]親とお手伝いの約束をしたにもかかわらず、三日坊主。注意して何とかまた数日は続いたものの、また今日は積み木に夢中……。「お手伝いは？」と聞いても、「後でやる」という生返事が返ってくるだけで、動く気配がありません。あなたはどうしますか？

1. 「いつまで遊んでいるの！積み木は取り上げるよ！」と怒鳴る

2. 「ほらね、やっぱり三日坊主……。続かないと思ってたわ」と、ため息をつく

3. 笑顔で自信たっぷりに、「約束したことはやれるって信じてるよ。やってくれたらお母さん助かってうれしい」と伝える

1.を選んだあなた

たしかにこれを口にすると、子どもはお手伝いをするでしょう。しかしそれは遊び道具を取り上げられたくないからです。下手をすると、将来的に厳しい罰を与えられないと動けない人に育つ危険性があります。3日目の内容を重点的に取り組めるといいですね。

2.を選んだあなた

子どもからすると、親のほうが折れて、あきらめてくれたなら好都合なわけです。また、子どもに、「だってさっきお母さんが、三日坊主だと思ってたって言ったじゃない」という言いわけまで与えてしまいます。親が子どもに対して子どもの愚痴をこぼしても、子どもはできない自分を逆に肯定していきます。7日目の内容を重点的に取り組めるといいですね。

3.を選んだあなた

1週間の成果がばっちり表れていますね。子どもは根本的に、愛情とは別に親との信頼関係を深めようとしています。ですから、信じるという親の信念を伝えることはとても大切です。あとは、「あなたは～」というYouメッセージではなく、「私は～」というＩメッセージで伝えるのも、子どもの心に届きやすくするポイントです。

モノと上手につきあう

ここちよい我が家のつくり方

中川ちえ（エッセイスト）

ごちゃごちゃした部屋では、ストレス倍増！　でも、ゆっくり片づける時間もないし……そこで、モノを上手に使って、スッキリ暮らす知恵をご紹介します。

なかがわ　ちえ◎器と生活雑貨の店「in-kyo」の店主でもある。暮らしにまつわるモノ・こと・人との出会いを楽しみにしている。著書に『春夏秋冬のたしなみごと』（PHP研究所）、『むだを省く 暮らしのものさし』（朝日新聞出版）、『おいしいコーヒーをいれるために』（メディアファクトリー）他。http://in-kyo.net

写真：高木あつ子

ゆとりのあるルールを

とりあえずの場所を作ってみる

掃除や片づけをするのは好きなのですが、きっちりとした収納方法を考えるのは実は苦手です。

だから引っ越しをするたびに、住まいと自分の暮らし方に合ったやり方を「ああでもない、こうでもない」と、試行錯誤しながら収納方法を決めています。初めからかたちを作りすぎるとそのルールにしばられて、どこか窮屈さを感じたり、違う方法に変更しづらくなったりするからです。

収納をしなければ！　と思う前に、私は準備体操のつもりで「とりあえずの場所」という、ゆとりのあるルールを作っています。

ただ、あくまでもそこはすっきり暮らすための一時的な場所。なるべく目のつくところに置いて、次に収納するべき場所を意識して考えるようにしています。

イスの上に器を。ちょっとしたことで、何気ない空間も見つめていたくなる場所になります。

紙類はファイルへ

ファイルは主に仕事関係の紙類の仕分けに使っていますが、家庭内でも領収書やレシート類の一時保管場所として使えると思います。

透明ファイルをいくつか用意しておいて、種類別に仕分けるのか、月別に仕分けるのか決めます。やりやすい方法がいちばん。雑誌の切り抜きや旅行へ行った際のチケットなど、資料や思い出の品もいったんこの方法で保存しておくと、その後収納するべきものか処分をするものなのかの判断をしやすいと思います。

とっておきたい ものはかごへ

毎日のように届く気になるギャラリーの展示のお知らせや大事な紙類は、Ａ４サイズの紙も入るワイヤーのカゴへ。カゴの深さを超《こ》えたら整理のタイミング。中味を見直して処分するもの、とっておくものというように仕分けをしています。

新しい器は 見える場所へ

新しく購入した器はすぐにしまい込まずに目につく場所に置いて、すぐ手に取れるようにしておきます。仕事柄いろいろな器を普段の家の食事で使ってみることにしています。使い心地を自分で実感するためです。

　他の器との取り合わせなどもわかりますし、視界に入っているとどんな料理が似合うかという想像も膨《ふく》らみます。器に限らず他ののでも同じようにしていると、不思議と無駄なお買い物も減っていくような気がします。

ショップカードは 小抽斗へ

向《むこう》田《だ》邦《くに》子《こ》さんのエッセイの中に「う」の抽斗《ひきだし》の話があります。「う」とはうまいもののことのようで、美味《おい》しいお店の名前を書いたメモやパンフレットを入れていたとか。

　一時はそれを真似《まね》て抽斗が開けづらくなるまでパンパンにショップカードなどを入れていたことがありました。さすがに抽斗がスムーズに引き出せるくらいに整理するようにはなりましたが。小抽斗は紛失も防げるので細かいものの整理や収納にも便利です。

「なんとなく」片づけてみよう

風呂敷やガーゼ、キッチンクロス……
「布」を活用すると、手軽に
すっきり感を出すことができます。

布のチカラを借りてみる

来客が多い我が家。人がいつ来てもいいように部屋はなるべく「なんとなく片づいている」状態にしています。

この「なんとなく」というのがポイントで、決して完璧《かんぺき》でなくても、いいのです。

ササッと掃除をして、バラバラと散らかったものを整えるだけでも部屋の印象はずいぶん変わります。散らかったままの状態に慣れてしまうと、一から片づけるのはなかなか億劫《おっくう》なものです。

そこで大活躍してくれるのが「布」。選ぶ布の色や素材を変えることで、手軽に部屋の模様替えもできます。布なら洗濯ができるし、たためば小さくなって場所も取りません。ズボラな方法ですが、片づけの習慣をつけるためにも、まずは布を使ってみてはいかがでしょう。

よく着る服はカゴ＋布で収納

もう一度着たい服やよく着る服は、かごに入れて布をかぶせています。ごちゃごちゃしがちなリモコンや携帯の充電用コードなども、こうしてひとまとめに。目に入るものの数や色の数が少なくなるだけでも、すっきりとした印象を与えてくれるようです。

かぶせる布はすべて同じ布にしなくても、キッチンクロスなどを利用して素材や色を揃《そろ》えるだけで一体感が出ます。1カ所だけアクセントとしてビビッドな色を添えても楽しいですよ。

布でくるんで収納ボックスの代わりに

引っ越しをした際にあらためて困ったのが洋服の収納。いわゆる収納ＢＯＸを揃える前に、風呂敷《ふろしき》を使って洋服をまとめてみたのですが、これが案外かさばらず便利。布を揃えて目印に数字スタンプを押したり、中味をメモしたタグをつけてみてもかわいいかもしれません。風呂敷をわざわざ買わなくても、１ｍ角の布があれば充分です。

布端は縫っても縫わなくてもお好みで。本やフリーマーケットに出すものなど、洋服以外のものもこの方法で収納すればホコリ避《よ》けにもなります。

風呂敷でおもちゃをまとめる

日本には昔から「風呂敷」という便利なものがあります。洋服の収納や、お子さんのおもちゃをまとめるときに使っても。私はノートパソコンの目隠しや持ち運びの際にも使っています。

ガーゼ生地でかくす、仕切る

部屋の間仕切りや棚に収納したものの目隠しとしても、布が大活躍します。扉や襖《ふすま》が閉まればもちろんそれでも良いのですが、狭い部屋の中で解放感や採光を保つために私は透け感のあるガーゼ生地を間仕切りに使っています。布の端をひもに結んでピンでとめただけのもので、取り外しも簡単にできます。

他にもつっぱり棒を利用したり、釘《くぎ》が打てる場所なら布にハトメを取りつければ簡易カーテンの目隠しを作ることもできます。

ひもで作った輪を、ピンに引っ掛けるだけ。すぐにできるのが嬉しい。

かんしゃく、泣きじゃくり……

「手をつけられない！」ときの

キクチ家流！ 気持ちの切り替えスイッチ術

子どもが一度「興奮モード」に入ったら
落ち着かせるのは至難の業。そんな時のとっておきのコツを、
ママの心の整理術とともに、きくちいまさんにお聞きしました。

きくちいま
（エッセイスト、イラストレーター）

きくち　いま◎1973年、山形県生まれ。和の暮らしに親しみながら父母と夫、3人の子どもとの暮らしを綴ったイラストエッセイが人気。著書に『きもので出産！』（河出書房新社）ほか多数。

先日の土曜日、私の携帯に着信があった時は、ちょうど子どもたちがノリノリで警察ごっこのまっ最中。ウーウーピーポーピーポーとサイレンが鳴り響いており、急いで別の部屋に逃げ込みましたが「きくちさんちは土曜ワイド劇場状態ですね」と笑われてしまいました。

みんな仲よく遊んでいる日中も楽しくて好きですが、一番好きな時間は？　と問われれば、夜。3人の子どもたちを「本数の多い川の字」になって寝かしつけるときが、私にとっては一番穏やかで幸せな時間です。

男の子2人と、女の子1人がいま

すが、3人を連れてスーパーに行っても、駄々をこねられて困ったことはありません。小さいうちから、「買って〜って泣くなら買い物に連れていかない」と宣言していました。これには家族の協力も必要不可欠で、「もし買い物に連れていっても、値段の大小にかかわらず、絶対に何も買い与えないで！ 買い与えるのは誕生日のみ！」とジジババにも念を押していました。これを繰り返すことにより、子どもたちは場をわきまえることを学んだようです。

きょうだいの性格に対応を合わせる

スーパーで泣きわめくことはありませんが、家での泣き声は日常茶飯事。

　世話好きな3番目ちゃんが泣くのは、たいてい自分がやろうとしたことを、誰かがやってしまったとき。例えば「そこの戸を閉めて」なんてお願いをしたときに、うっかりじいちゃんが閉めてしまったとなると、もうダメ。使命感が強いというのでしょうか。頼まれたことは絶対にやりたい。特に大好きなお母さんのお願い事は絶対にやりたい。

　そういうときは面倒ですが、もう1回戸をあけて、閉めてもらいます。納得いけばいいんですもんね。そして、ぎゅっと抱きしめて「お手伝いありがとう。でもね、おじいちゃんは悪くないんだよ」と言います。もうちょっと大きくなったら、泣かずに別のお手伝いをする練習をさせようかな、と思っています。

死んじゃうってことはとっても大変なことなんだよ
1人に1つずつしか命はないんだよ
言っていいことと悪いことがあるの
おかあさん
悲しいよ…
ごめんなさい
これが
MNMT
マジ　泣き　ミーティング

　2番目くんが泣くのはたいてい「お兄ちゃんがたたいた～」「おもちゃ取った～」など、お兄ちゃんがらみ。泣かされるくせにお兄ちゃんが大好きでくっつきたいんですね。で、お兄ちゃんに聞くとどっちも悪かったりする。お兄ちゃんは基本、優しい性格なんですが、自分のやりたいことを優先してしまう傾向にある。こんなときは、けんか両成敗。時間はかかるけれど、どっちの言い分も聞いて、お互いに「ごめんなさい」を言い合えるようにしています。

　小学2年生のお兄ちゃんの場合はこの頃ちょっと複雑で、叱られると反発することが多くなりました。それでも自分で、悪いこととわかっているようで、ちゃんと自分から謝ってきます。そのタイミングで2人だけになれる部屋へ連れて行き、MT（ミーティング）をします。時にはMNMT（マジ泣きミーティング）になることも。目を見て真剣に語り、最後にはだっこして仲直りをしています。

空気を盛り上げるのは「みんなで料理」がベスト！

　仲たがいをした後というのは、なんとなくお互いぎこちないもの。そんなときに私は、みんなで料理をするようにしています。おやつでもおかずでもなんでもいいんです。工作感覚で、全員が何かしらの形で関われる料理がベスト。サラダなら、まだ包丁の使えない小さい子にレタスをちぎってもらい、包丁を使える子にはゆで卵やきゅうりを切ってもらいます。

　お好み焼きやホットケーキはよく登場するメニュー。ホットプレートが登場すると、なんとなく家族団らんのイメージなんです。ハンバーグ

みんなでお料理
せっかくのハンバーグなのに焼くのが難しいよー…
じゃあ煮込みハンバーグにしちゃおっか♪
おはこび～
ハーイ
←買い置きのトマト水煮

や餃子《ギョーザ》は混ぜたりこねたり形にするのが粘土遊びみたいで盛り上がりますよ。

夏になれば、子どもたちに畑の野菜をとってきてもらって、みんなで夏野菜カレーやラタトゥイユを作ります。

「みんなで作るとおいしいね」というのがいいなあ、と思うんです。だって、私が小さい頃、叱られて泣きながら食べるごはんは、ちっとも味がしなくておいしくなかった。1人だけさみしくてみじめな気持ちの食事の時間って、子どもにはなるべく体験させたくないんです。

仕事と友だちとのランチが疲れを癒してくれる

こうやって考えると、お母さんっていう仕事は、子どもたちを冷静に性格分析し、適材適所で楽しませ、かつ円滑に……大企業の社長や中間管理職並みに大変です。時給いくらの仕事になるのやら。これを無償でやってるんだから、世の中のお母さんは本当にエライ!

なので、たまにどっと疲れが出るのも当然。私のストレス解消は、仕事に集中することと、ママ友だちとの平日のランチタイム。とにかくゆっくり、他愛《たわい》もないことをおしゃべりしていると、気持ちがほぐされていきます。

ありがたいことにみんな「よそんちの子も自分の子のように」というスタンス。「みんなの力で明るくいい子にしよう」というのが伝わってきます。こういう仲間は生涯の宝!

けっこう頻繁に
愛を確認
信号待ち
ねえ〜おかあさんが大好きな人知ってる〜?
ボクー
寝るとき
大好きよー
キャー
次ボクー
ギュー

子育てはみんなでやるもの

ハイ おじいちゃん
孫のおむつくらいかえられなくちゃ
じいの声
エッ
——これを繰り返すことにより、ジイジはずいぶんきたえられました。
うちのじいちゃんはおむつも上手にかえてくれて——
←聞こえるように言う
フフ〜
ますます その気になる →
今では孫3人をお風呂に入れることもねかしつけもバッチリ！
安心して出張に行ってきま——す!!

周りとの信頼の輪がいい環境をつくる

つい力《りき》んでしまいがちですが、自分1人で子育てしようとしないことも大事。子育ては、私たち母親だけでなく、子どもの父親やジジババ、近所や友人知人、保育園、幼稚園、学校、みんなでするものです。

それには、信頼関係が大切になります。1日で築けるものではないので、日々、関係性を深めていって、自分で納得のいく子育ての環境に持っていくことが大事かと思います。

あとは、本当に疲れてしまったら育児を一瞬誰かに託してみましょう。そのための「みんなで子育て」でもあるんです。そして、おいしいものを食べてぐっすり眠る。目が覚めたら、子どもたちに会いたくなります。それでも疲れが取れないなら、幼児虐待の本を読みます。「こうしてはいられない！」と危機感が募って、愛おしさがこみあげてきます。

私たちの周りには、仲間も味方もたくさんいます。適度に息抜きしつつ、がんばりましょ！

子どもも親も幸せになる 魔法の言葉

子どもも自分も
一番幸せにしてくれる
言葉とは何なのでしょう？
石川さん自身の体験から、
そのヒントをいただきました。

石川結貴（作家）

いしかわ ゆうき◎1961年静岡県生まれ。1990年より、家族、子育て、教育問題をテーマに取材を開始。長年の取材実績を生かし、多数の話題作を出版。著書に『小さな花が咲いた日』（ポプラ社）、『母と子の絆』（洋泉社）、『ルポ　子どもの無縁社会』（中央公論新社）ほか。

2人の息子は成人し、それぞれの道を歩みはじめていますが、典型的な〝イマドキ草食男子〟です。対して、私は人一倍エネルギッシュな〝肉食母〟なので、考え方も行動も正直全然合いません。

今ではおとな同士という関係でお互いを尊重し、私は自分にはない長所を持つ息子たちを尊敬しています。でも、小さいときは焦ったり、不安に思ったりすることも少なく

写真：キノシタ メグミ

「評価すること」では子どもを伸ばせない

ありませんでした。

　何をやるのもスロースターターの上にスローペース。シャイで、生真面目《きまじめ》で、意地悪なお友だちに押しのけられると困ったように笑いながら譲ってしまったり。見ている私は内心カリカリして、つい叱ってしまうのです。「早くしなさい」「何やってんの」「もっとしっかり」といった調子です。

　そしてそんなふうに叱られると、息子たちは萎縮《いしゅく》してもっとモタモタする始末。私はいっそうカリカリして、見事なくらいの悪循環に突入です。

　こんなことではいけない、ほめて伸ばさなければと思い、子どもたちのいいところを見つけては「偉い」と言ってみることにしました。たとえば「おかたづけできたの、偉いね」とか「たくさんごはんが食べられたね、偉いぞ」というように。

　ところがよくよく考えたら、「偉い」という言葉はちょっと違うな、と感じるようになりました。偉い、偉くない、それはいわゆる「評価」の言葉です。何かができたから偉いとか反対にできなかったから偉くないとなると、子どもにとっては結構つらいものでしょう。うまくいくときはいいけれど、うまくいかないときには「僕ってダメな子？」とめげてしまうかもし

愛することは理屈ではない

れません。

そもそも、「偉い」というのは親の思い通りになったとき、望むようなことをしたときに出る評価です。一見、子どもをほめているようでいて、実は自分の意のままになるよう誘導している。偉い子であってほしいという願望を押しつけている。つまり、母である私のいやらしさの表れのような気がしたのです。

私は自分の心に問うてみました。もし子どもたちが偉くなかったなら、そんな子はダメなのか？　もし子どもたちがモタモタするばかりだったとして、そんな子は愛せないのか？

答えはもちろんNOでした。自分の思い通りにならなくても、偉い人になんかならなくても、ただそこにいてくれるだけでうれしいのです。同時に、その「うれしい」を、私はどれだけ子どもに伝えてきただろうかとも思いました。

一番伝えたい気持ちが
一番聞きたい言葉だった

ある日のこと、3歳だった次男を連れて近所のスーパーに買い物に行きました。お店を出ようとしたら、いきなりの土砂降《どしゃぶ》り雨です。傘を持たず途方に暮れていると、道の向こうからレインコート姿の子どもが、おとな用の傘を引きずって歩いてきました。降りしきる雨の中、目をこらして見ると、それは5歳の長男でした。

「すごい雨だから、お迎えにきたよぉ」

長男は荒い息を吐きながら、照れたように笑いました。

私はぐっと胸が詰まりましたが、精一杯の笑顔でこう言いました。

「わぁーい、お迎えだぁ。うれしいな」

そのとき、長男の瞳《ひとみ》がパッと輝いて、弾むような声が返ってきました。

「お母さん、うれしいの？　やったぁー」

大粒の雨を跳ね返さんばかりの、まるで太陽のような明るい表情です。私もまたうれしさが込み上げて、その光景を見ている次男までニコニコとうれしそうな顔をするのです。

そう、「うれしい」なのです。それこそ私が子どもたちに一番伝えたい気持ちで、子どもたちのほうも一番聞きたい言葉だと、そのときはっきり

素直になることが
みんなを笑顔にする

思ったものです。

それからは、うれしいと感じたらうれしいと言葉にすることにしました。「お皿洗ってくれたんだね、うれしいな」。そんなふうに素直に口にすると、子どもたちのほうも満面の笑顔を見せてくれます。

私の誕生日に、次男が「肩もみ券」をプレゼントしてくれたときは、うれしいにプラスして「オイシイ」思いもしました。券には「このけんで十かいただになります。十かいやったらまた一かいただでおまけです」と書いてありました。「10回やったら1回おまけがつくんだ。すごぉい、うれしいなぁ。ほんと、うれしいなぁ」

ちょっと大げさなくらい「うれしい」を連発すると、次男は「また一かいただ」のところに縦線を入れ、一を十にしてくれました。おまけが10倍になったのです。

「うれしい」は
幸せになる
魔法の言葉

子どもを伸ばす言葉はたくさんあるでしょうが、私にとって「うれしい」は、「楽しい」や「オイシイ」にもつながり、子どもたちとの深くて優しい絆《きずな》をたくさんつくってくれました。

子育てにまっすぐな道はなく、悩みや迷いは尽きないものでしょう。それでも、ただあなたがいてくれるだけでうれしい、その気持ちを言葉にしてみませんか。

「うれしい」は、言うほうも、言われるほうも、まわりの人まで幸せにしてくれるステキなおまじないのように思います。

※写真はイメージです。本文の内容とは関係ありません

「PHPのびのび子育て Special Edition」をご購入いただき、ありがとうございます。
よろしければ本書に関するアンケートにご協力をお願いいたします。2012年11月30日までに
回答をお寄せいただいた方の中から、抽選で30名様にPHPの本をプレゼントいたします。
下記よりご希望の本をお選び下さい。当選者の発表は発送をもってかえさせていただきます。

アンケート

問 1 本書の値段は？
A. 高い　B. 安い　C. ちょうどいい　D. 値段は気にしなかった

問 2 本書をどちらで購入されましたか？
E. 書店　F. コンビニエンスストア　G. その他（　　　　　　　　）

問 3 本書を購入された動機を教えてください（複数解答可）
H. 表紙の写真が目についたから　I. タイトルが気になったから
J. もともと関心のあるテーマだったから　K. その他（　　　　　　　　）

問 4 本書の感想として、該当するものがあればお選びください（複数回答可）
L. タレントの子育て論が読みたかった　M. 子育て以外の記事がもっと欲しい
N. カラーページがもっと欲しい
O. イラストや写真を少なくして、文章量を増やして欲しい
P. お母さんたちの実体験が読みたい
Q. その他ご感想があればお願いします（　　　　　　　　）

問 5 月刊誌『PHP のびのび子育て』について
R. よく読む　S. たまに読む　T. 読んだことがない　U. 存在を知らなかった

下の表からご希望の本をお選びください。本の詳細は弊社のホームページでご覧下さい。http://www.php.co.jp/

記号	書名	定価（本体）
あ	からだの中から若返るグリーンスムージー健康法 (仲里園子・山口蝶子著)	1,300 円
い	おかずに美味しい 田舎ごはん（新関さとみ著）	1,200 円
う	東京農業大学の野菜レシピ（PHP 研究所編）	1,200 円
え	「朝食」を抜くと健康になる（石原結實著）	952 円
お	枕ひとつで、ねこ背は治る！（福辻鋭記著）	1,200 円
か	[図解] ディズニー　仕事が楽しくなる感動のエピソード（加賀屋克美著）	800 円
き	[図解] 40 歳から伸びる人、40 歳で止まる人（川北義則著）	800 円
く	なぜか「トクする人」の気くばりの習慣（嶋津良智著）	800 円
け	不安のしずめ方（愛蔵版）（加藤諦三著）	476 円
こ	[図解] 誕生日だけで相手の心理が 9 割読める（佐奈由紀子著）	838 円
さ	がんばらずに、ぐんぐん幸運を引き寄せる方法（鈴木真奈美著）	1,300 円
し	いい言葉が、心を掃除する（ひろさちや監修）	1,100 円
す	[新装版] 10 秒で心が癒される言葉（根本浩監修・草田みかん絵）	552 円
せ	名門小学校に合格する「本当の知力」を身につけさせる方法（磯邊季里著）	1,200 円
そ	家に帰ると妻が必ず死んだふりをしています。(K.Kajunsky 作・ichida 漫画)	1,100 円
た	[文庫] 実年齢より 20 歳若返る！生活術（南雲吉則著）	552 円
ち	[文庫]「甘えさせる」と子どもは伸びる！（高橋愛子著）	552 円
つ	[文庫]「どうして私ばっかり」と思ったとき読む本（石原加受子著）	571 円
て	[文庫] やなせたかし　明日をひらく言葉（PHP 研究所編）	571 円
と	[文芸文庫] カラット探偵事務所の事件簿 1（乾くるみ著）	648 円
な	[文芸文庫] 書店ガール（碧野圭著）	686 円
に	女の子のかわいい折り紙（いまいみさ著）	1,200 円
ぬ	男の子のかっこいい折り紙（いまいみさ著）	1,200 円
ね	[児童書] おばけのおうち　いりませんか？（4~5 歳から、せきゆうこ作・絵）	1,200 円
の	[児童書] ちょっとだけタイムスリップ（小学 1~3 年生向き、花田鳩子作・福田岩緒絵）	1,100 円

自由記述以外は、問 1 ＝ A　プレゼント＝ あ のように記号でご記入ください。
郵便番号、住所、氏名、年齢と、電話番号かメールアドレス、
お子様の年齢と性別をご記入の上、ハガキかメールにてご回答ください。

ハガキのあて先
〒102-8331　東京都千代田区一番町21
ＰＨＰ研究所　クロスメディア出版部
「のびのびアンケート」係

eメールでの送り先
entame@php.co.jp へ、
件名を「のびのびアンケート」としてお送りください。

個人情報の取り扱いについて

このアンケートにお寄せいただきました個人情報は、弊社の「個人情報管理規程」に従い厳重に管理し、応募者への連絡、当選商品の発送、読者統計の作成に利用させていただきます。また、寄せられたご意見・ご感想などを本書の広告、宣伝等に使用させていただくことがありますが、その場合は必ず匿名とし、お名前・住所等の個人情報は公開いたしません。お問い合わせは03-3239-6288まで。

厳しい言葉が必要なときもあるのです。

叱ることに後ろめたさを感じるあなたへ

星 一郎
（わいわいギルド代表）

ほし　いちろう◎ＩＰ心理教育研究所所長。専門は個人カウンセリング、個人心理療法。オーストリアの精神科医、アドラー博士が提唱した「アドラー心理学」を取り入れた子育て講座や子どもの対処法に定評がある。著書に『アドラー博士が教える　子どもの考える力を引き出す魔法のひと言』（青春出版社）ほか多数。

さまざまな理由で子どもを叱れない方が増えているようです。しかし、よくないことを毅然《きぜん》と教えることも親の役割なのです。

「あなたはお子さんを叱ることがありますか」。

若いお母さんたちとお話をする時、よくする質問です。多くのお母さんは「叱ります」と答えます。しかし、それは叱っているのでなく、怒っているケースが多いのです。

「叱ること」と「怒ること」は違います。

「怒る」ことは自分の怒りの感情を子どもに向けることで、子どもが恐怖心で言うことを聞くのです。怖いから言うことを聞くに過ぎません。怖い人がいなければ、子どもの行動は、元に戻ってしまいます。

子育てにおいて怒ることは、効果がありません。効果がないどころか、マイナスになることもあります。**怒る子育てを続けると、子どもは「人に言うことを聞かせるには、怒って相手を脅かせばいいのだ」と覚えてしまいます。**

納得の上で、行動を改めさせる

これはお母さんにも影響します。怒ったことを、感情的すぎたと思い、落ち込むのです。次第に怒ることもなくなります。叱ることなどできなくなり、おろおろするだけです。

叱ることは子どもに良くないことをやめさせ、新しい行動を教えることです。恐怖感でなく、納得して新しい行動をとれるようにすることです。これは感情的になっていてはできないことです。

イラスト：柴田ケイコ

どうして叱ることが大事なの？

子どもは自分の欲望のままに行動します。そのため、社会の一員として必要な、ルールやマナーを身につける必要があります。箸を使うように教えるのは、私たちの文化では必要なことです。手で食べようとしたら、「それは違う」と叱らなければなりません。そして箸を使うことを教えるのです。ルールやマナーを教える方法の1つが、叱ることです。それではどんなことを叱ればいいのでしょうか。

叱らなくてはならない場面はそれほど多くありません。まずはこの3項目を押さえましょう。

1 身を守るため

身の安全を守ることは、教えなければならない大切なことです。私たちの周りには、危険があふれています。交通安全や見知らぬ人について行かないことなどを約束させ、守れないときには、しっかり叱って言い聞かせる必要があります。

ただ、危険だからと必要以上に恐れさせることはありません。「危険だけれど、こういうふうに対応すれば上手に乗り越えられる」と教えておくことが大切なのです。

2 社会のルールを教えるため

次に叱るべきことは、いろいろな社会のルールです。「レストランでは大騒ぎをしない」などの社会的ルールを守らせます。守れないときは、叱る必要があります。ファミリーレストランなどで騒いでいる子どもに出会うことがありますが、大多数の親は見て見ぬふりをしています。家族で一緒の外食が嬉《うれ》しいことはよくわかります。だからこそ静かにご飯を食べたい人もいることを教えなければいけません。

3 人との良い関係を築くため

最後にもう1つ。友だちとのつきあいのルールです。友だちをいじめたり、だましたりすることがあった時は、しっかり叱る必要があります。最近の子どもは自分がどう見られているかをとても気にする傾向があります。そのため、相手に合わせて無理な約束をしたりするのです。その結果、嘘をつくことになります。相手に合わせるのではなく、自分が守れる約束をするように叱って教えるべきでしょう。

押さえる
ポイント

と子どもに届けるために、
たいことがあります。

Point 1 気持ちを落ち着ける

感情的になって子どもを一方的に怒ることは避け、自分の感情をコントロールしなければいけません。そこで自分が感情的になっている（怒っている）と気づいたら、深呼吸などをして気持ちを落ち着ける必要があります。

　感情というのは不思議なものです。相手が目の前にいると、いつまでも消えないのです。よくお母さんに、怒りがあふれてきたときには、「トイレに入りなさい」とアドバイスをします。子どもから離れることで、比較的早く気持ちが落ち着きます。その後で「なぜそのことがいけないのか」「今度はどうしたらよいのか」を子どもに考えさせるのです。**「叱る」ポイントは、子どもに正しい行動を考えさせ、教えることです。**

Point 2 子どもの言い分をしっかり聞く

頭ごなしに叱らず、子どもなりの言い分を聞きます。しかし、子どもは「言い訳」を話すことがあります。**必要なのは言い訳（過去の話）を聞くことではなく、今度どうしたらいいか（未来）です。**

　年齢が幼く、まだ自分で解決策が見つけられないときは、親からアドバイスをしてもかまいません。ただし、１つだけの提案は危険です。この時は２つ以上の提案をします。選択を子どもにゆだねるのです。

Point 3 短く、端的に伝える

今叱っていることでなく、今までの失敗を引き合いに出して叱るお母さんがいます。これは子どもが一番いやがるやり方です。上手な叱り方のこつは、今の出来事に限定して叱ることです。

もう1つのこつは、「あなたはこうだ」と断定的な叱り方をやめることです。**叱るときには自分の意見を伝えてください。「お母さんは良くないと思うけど、どうかな」というように。**「お母さんは……」という言い方です。断定的な叱り方は、叱る効果をなくします。

叱る前に 4つの

あなたの気持ちをしっかり
心に留めていただき

Point 4 目線、表情に意識を払う

お母さんが何かしながら叱るのはよくありません。お母さんも本気になって叱ってください。そうでなければ、叱っても子どもは本気になりません。叱るときはちゃんと子どもと向き合って叱ってください。お母さんが立って、子どもが座っているなどのような姿勢も良くありません。同じ高さに座り、しっかりと子どもの目を見て叱ってください。

このとき、大切なことは行動を叱ることです。叱るのは子ども自身ではなく、子どものしている行動です。食事中に走り回るという行動をしているとします。**「あなたはいい子だけれど、走り回るのはよくないよ。静かにしてね」と子どもの目を見て叱るのです。**

イライラが止まらないときの処方箋

“冷静モード”に切り替わる!

「子どもを叱ることで
余計に気持ちが昂《たかぶ》ってしまう」
「泣かせるつもりはなかったのに……」
そんなときは、心を落ち着かせる
ちょっとしたテクニックを使いながら、
子どもと向き合ってみませんか。

「どうしたら自分の感情がコントロールできるのでしょうか?」。

お母さんたちの悩みの中で、もっとも多いもののひとつが感情のコントロールです。子どものためを思って繰り返し言うのですが、思うように動かず、そんな子どもにイライラしてしまう。おまけに子どもが泣き出したりすると、そんなやり方しかできない自分にイライラし、最後にはそれが落ち込みに変わる。そんな体験をしている母親は多いようです。

どうしたら自分のイライラとうまくつきあうことができるのでしょうか。その第一歩は、感情は自分でコントロールできることを知ることから始まります。

菅原裕子
(NPO法人ハートフルコミュニケーション代表理事)

すがはら ゆうこ◎人材開発コンサルタント。子どもが自分らしく生きることを援助したい大人のためのプログラム“ハートフルコミュニケーション”を開発し、各地の学校のPTAや講演会、ワークショップ等で実施、好評を得ている。著者に『子どもを幸せに導くしつけのコーチング』(PHP研究所)などがある。

イラスト：猪原 美佳

イラッときたときに効く

心の3ステップ

まずは、感情コントロールの基本ステップをご紹介しましょう。

第1STEP

自分の感情に気づく

感情的になっているとき、私たちは基本的に無意識です。意識したときにはすでにイライラしているし、怒っています。でも、感情は悪いものではありません。問題は、感情に飲み込まれることです。もし私たちが自分の感情を冷静に眺めることができれば、感情に飲み込まれることはなく、それとうまくつきあうことができるようになります。

第2STEP

ゆっくり息を吐く

イライラし始めた自分に気づいたら、口をすぼめてゆっくりと細く息を吐きます。この時点で、あなたは感情に飲み込まれることなく、自分の感情に出合うことができます。心の中で「私はイライラし始めているわ」とつぶやくのもいいでしょう。それでも気持ちが静かにならなかったら、子どもと一緒にいるときなどは、その場から離れるといいでしょう。

第3STEP

イライラの根っこにある「期待」を見つける

イライラの根っこには必ず何らかの期待があります。その期待が思い通りにかなえられないのでイライラするのです。何を期待しているのかをしっかり把握しましょう。そして、その期待を実現する近道を考えることです。イライラをぶつけることは、決して近道ではありません。

6つのコツ
感情とうまくつきあうための

先に挙げた3ステップを実践するとともに、イライラしないための対策や、自分の感情とよりうまくつきあう方法を知ることも大切です。いくつかの例を元に、一緒に考えてみましょう。

Case 1 何度言っても自分から片づけようとしない

親が楽しむ姿を見せ、一緒に片づけましょう

子どもに対する期待が大きいほど、その通りにならないときのイライラは大きくなります。年齢以上のことを求めて無駄にイライラしないようにしたいものです。就学前の子どもは、自分から片づけるようになることを教える時期であることを理解しましょう。声をかけても片づけないときは、親が片づけをリードすることです。「5分で片づけよう」と心の中でつぶやいてください。そして、「さあ、お片づけお願いしまーす」「お片づけ競争です」など、楽しく片づけを始めましょう。

ここで大切なことは“楽しさ”です。イライラすると子どもはやりたがりません。5分で終わるものを、イライラと子どもともめて、10分もかけないことです。

Case 2 約束の時間を過ぎてもテレビゲームをしている

繰り返し、約束の大切さを伝えましょう

子どもは親との約束を理解し、なぜ長時間やってはいけないかをわかっているでしょうか。小学生になる頃には、約束を意識して自己管理ができるように導きますが、就学前はまだ難しいでしょう。ただ、約束を通して、親が何を期待し、なぜそうすべきかをわからせるようにするのは大切です。

生活には決まりごとがあり、それに沿うべきことを教えられて初めて約束を理解するようになります。「まだ小さいから言ってもわからない」と思わずに、繰り返し伝えましょう。その上で、タイマーを使ったり、「30分です！」と声をかけるなどして約束を思い出させることです。

Case 3 子どもに当たって泣かせてしまった

意識的に〝冷静モード〟に戻し、うまく子どもを導きましょう

子どもがなぜ泣いているかわかりますか？ 親がイライラと感情的になっているので、子どももそれに合わせて感情的に泣いているのです。子どもはロボットではありません。1度「○○しなさい」と言っただけで、スイッチが入ったようにその通りにするものではないのです。

口をすぼめて、ゆっくりと息を吐きましょう。あなたが感情をコントロールできれば、子どもも同じようにできます。「泣いてないで早くしなさい」などと、親が一層感情的になっては、子どもはもっと激しく泣いてしまいます。まず、“イライラモード”から“冷静モード”へ変えてください。そして、「さあ、ご飯にしよう」など、子どもをやらせたいことに誘いましょう。

Case 4 泣き寝入りした子どもを見て自己嫌悪に

〝1人対話〟をし、なりたい姿を心の中で繰り返しましょう

親は感情的になるほどそのあと自己嫌悪を感じます。自分のイライラが子どものせいではなく、自分のストレスからきていることを知っているときはもっと自分を責めます。でも、この場面で自己嫌悪に陥るのは、お母さんがもっといい親になりたいと思っている証拠です。素敵です。そのことを心にとめて、“1人対話”をしてみてください。

「何落ち込んでるの？」「私ってひどい親！」「どうなりたいの？」「優しい親になりたい」。優しい親になりたいという気持ちがあるから、私たちは落ち込むのです。「優しい親になりたい」という言葉を心の中で繰り返してください。20回、30回。気持ちが優しくなるまでやってみましょう。

Case 5　日常的にストレスがたまっている

十分睡眠を取り、誰かにゆっくり話を聞いてもらいましょう

イライラが多いと感じるときは、疲れていないか疑ってみてください。日常生活に大きなストレスを抱えていませんか？ 解決のひとつは、よく寝ることです。１日のスケジュールを見直して、十分な睡眠時間を取るようにしてください。７時間寝るとスッキリします。子どもと一緒に、９時に寝てしまいましょう。やることがあれば、朝早く起きればいいのです。４時に起きれば家事は片づきます。

他にストレスがあるときは、誰かに話を聞いてもらいましょう。相手は、ただ聞いてくれる人がよいでしょう。話すことは最高のストレス解消になります。

Case 6　忙しい毎日に追われて将来が見えない

未来を思い描きながら、夢のための勉強を始めてみましょう

子育てが終わったらあなたは何をしようと思っていますか？ 子育ては永遠には続きません。末の子どもが小学校に入る頃には、親にも自分の時間が戻ってきます。そのときあなたは何をしますか？ その頃のあなたはどんな自分でいたいですか？ 子育てに疲れたあなた？ それとも自分の未来にワクワクしているあなたでしょうか？

自分の未来を思い描いて、今はそれを目指している状態であることを意識するといいでしょう。忙しい中でも時間を作って、その夢のために何か勉強をしてみませんか。

子どもを信じて見守るだけでいい

あなたの深い愛情が、人も自分も愛せる子に育てます

石川洋子
（文教大学教授）

いしかわ　ひろこ◎日本女子大学大学院修士課程修了（家政学研究科児童学専攻）。子育て支援、母親支援をライフワークに活躍中。著書に『子育て支援カウンセリング』（図書文化社）ほか。

写真：キノシタ メグミ

私たちはさまざまな感情を抱き、
それを表に出すようにできているのです。

どうして子どもは こんなにも わがままなのか

「わがままで、一度言い出したら、絶対ひかない。ひっくり返って我を通そうとする」

「思い通りにならないと、相手にすぐ手を出してしまう」

「友だちの中で、自分の主張ばかり通そうとする」

私たちは、わが子のわがままを目《ま》の当たりにすると、「いったい、どうして……」と思ってしまいます。「ダメ！」とか、「我慢しなさい」と叱っても、効果はありません。人目を気にして、結局は子どものいいなりになってしまって情けなくなることもあります。「いい子」を育てるのは、もっと簡単だと思っていたという嘆《なげ》きも聞こえます。どうしてこんなふうに、子どもはわがままになるのでしょう。

人は、感情の生き物です。心の奥深い感情の部分で、「いや」とか「ほしい」と感じたり、怒ったり、泣いたり、こわがったり。時には、嫉妬《しっと》もします。

私たちはさまざまな感情を抱くようにできているし、それを表に出すようにもできているのです。これは、自分を守るために、あるいは自分をより優位にするために、大事なことなのでしょう。

でも一方で、人はひとりでは生きていけません。この社会の中で、ほかの人々とうまくやっていかなければなりません。そのためには、社会性を身につけなければならないのです。

社会性とは、円滑な人間関係を築き、所属する社会の中で、望ましいと思われる言動をとれる特質のことで、これを獲得していくことが、生きる上での大きな課題となっています。ルールを守ったり、人の言い分を聞いたり、あるいは折り合いをつけたりすることのできる力が求められるのです。

「我慢」よりも、自分の感情を出すことが先

自分の欲求や感情を大事にすること、人のことを考えるという、いわば正反対のことを時に応じてできるようにならなければいけないのです。では、どうすればいいのでしょう。

私たちは子どものわがままを直そうと、「我慢しなさい！」「相手の気持ちを考えなさい！」と叱ります。でも順番としてはまず、自分の欲求や感情を出すこと、自分はこう思うと言えることからではないでしょうか。

感情を表に出すと、相手に自分の状態を知らせることができます。心の中も、スッキリします。ひと泣きすれば、案外気持ちも変わったりします。感情は抑えてばかりではいけないのです。

そして人は、自分を振り返ることができます。感情を出すだけでなく、ちょっと振り返って、自分は「ほしかったんだ」「悔しかったんだ」と、自分を見つめ直すことができるのです。

見つめ直せれば、心は落ち着き、先も見えるようになるでしょう。そうすれば、次の段階である「我慢」をしたり、「相手の気持ち」を考えたりすることもできるようになるのです。

譲り合う体験が、社会性を育てていく

　自分を振り返るためには、親のお手伝いも少し必要です。気持ちがおさまったら、「〜だから悔しかったんだね」と言葉をかけましょう。自分の感情の原因もわかってきます。

　そして、ただ「ダメ」「我慢しなさい」ではなく、「ごはんの前にお菓子を食べると、ごはんが食べられなくなるから」というように、理由を説明しましょう。すると子どもは、「お母さん（お父さん）は自分のために言ってくれているのだ」と納得もできます。

　自分がほしいものを友だちからすぐ取り上げてしまうのではなく、「貸してって言ってみよう」といった、交渉の方法もくり返し教えましょう。「貸して」と頼めば、貸してくれるんだという体験を積めば、そのうち我慢もできるようになります。

「相手は〜だったんだよ」と相手の気持ちや状況を説明したり、トラブルの解決法や折衷案《せっちゅうあん》を具体的に教えることも大切です。お互いに少し譲り合って一緒に遊べば、けんかするよりもずっと楽しいという体験が増えると、ただ我を通そうとすることは減っていくはずです。これらを1つひとつ積み重ねる中で、社会性は育っていくのです。

子どもを信じて見守るのも愛情です

　でも実は、自分を見つめ直したり、わがままな自分を自分で作り変えるには、時間がかかるのです。すぐに結果を求めず、くり返し対応しながら「待つ」とか、「見守る」といった姿勢も必要となります。どうも私たちは、待ったり、しばらく見守ったりといった愛情の表わし方を忘れているようです。ひょっとしたら毎日が忙しく、私たち自身「わがままを直す」といった結果を出すことにせかされているのかもしれません。

　私たちは、触れたり抱きしめたりするストレートな愛情と、ゆっくり見守る、将来を見通した深い愛情の両方を持ち合わせていなければならないでしょう。

　わがままは、そこから、少しずつ軌道修正していけばいいのです。親自身がいろいろ考え、あれこれと対応していくこと自体が大切なのであって、その真剣な姿を子どもはしっかり見ています。そしてその姿勢自体から、子どもは人や社会を知っていくのだと思います。

親があれこれと考え、対応していくこと
自体が大切なのです。
その姿を子どもはしっかり見ています。

PHPのびのび子育てとは

『PHPのびのび子育て』は未来を担う子どもたちの健全な成長と幸せを願って、発刊している月刊誌です。そこでは主に家庭内における身近な子育て・しつけをテーマに、信頼のおける専門家の見解や親の体験談で、子育てのあり方を、分かりやすく解説・アドバイスしています。

核家族化・少子化の現代、月刊誌『ＰＨＰ』の姉妹誌として、子育て・しつけに悩むお母さん方のよきテキストとなるとともに、親と子の豊かなふれあい・よき家庭づくり・お母さんの生きがいさがしなど、日々の暮らしを見つめる新しい子育て誌です。

STAFF

カバー写真
キノシタ メグミ

カバー表2・表3イラスト
サタケシュンスケ

アートディレクション・装丁
村口 敬太（STUDIO DUNK）

デザイン
芝 智之

編集
次重 浩子（PHP研究所）

ガミガミ叱らなくても大丈夫！
子どもの「わがまま」で困ったときの言葉かけ

2012年9月21日　第1版第1刷発行

編　者　『PHPのびのび子育て』編集部
発行者　小林 成彦
発行所　株式会社PHP研究所
東京本部　〒102-8331　東京都千代田区一番町21
クロスメディア出版部　☎03-3239-6254（編集）
普及一部　☎03-3239-6233（販売）
京都本部　〒601-8411　京都市南区西九条北ノ内町11
PHP INTERFACE　http://www.php.co.jp/

印刷所
製本所　図書印刷株式会社

ISBN978-4-569-80448-4